おもてなしの理念、知識、異文化のマネジメント

森下俊一郎　著

晃洋書房

まえがき

東京の渋谷駅を降り、道玄坂を上り左折すると、1軒のスタイリッシュなバーがある。そのバーには、数名が座れるカウンターとソファーがあり、センスの良い内装と心地よいジャズが流れている。マスターは、筆者が大学教員になる以前に勤めていたグローバルIT企業の同僚であった。マスターと筆者は学年も同じ、中高の学生時代に住んでいた市も隣で、高校のクラスには共通の知り合いもいる間柄だ。そのバーに行くと、いつも2、3組しか客がおらず、とても繁盛しているようには見えない。マスターに、インターネットやSNSを活用して集客しないのか尋ねたことがある（前述の通り、我々はIT企業に勤め、しかも、彼はマーケティングに係る業務をしていた）。マスターは、「お客さんを増やすと、この雰囲気が壊され、常連さんに迷惑がかかる。私も忙しくなるし……」と諭されるように言われた。その時は、そんなものなのか、こんな良い店、せっかくのビジネスチャンスなのにもったいないな い、と思った。

それから10年以上経ち、筆者は観光学科の大学教員となり、おもてなしのマネジメントの研究をはじめた。研究の一環で、地方の温泉地の個人あるいは家族経営の小旅館の主人や女将から話を聞くと、そのマスターと同じような考えで経営している人が多いことに気づいた。すなわち、彼（女）らのマネジメントの目的は、顧客、地域、自分自身の夢など様々ではあるが、決して売上や利益、事業の拡大ではなかった。本書では、そうした宿を経営する主人や女将、オーナーやマネージャーたちから、そのおもてなしとマネジメントについて話を聞き、何らかの知見や意義を見出そうと試みた。

狭義の経営学（マネジメント）は、事業の拡大により売上を伸ばし、費用を下げることにより利益を上げる方法を論究する学問と一般に考えられている。こうした経営学（マネジメント）の視点から、観光経営やホスピタリティ・マネジメントの多くは、売上や利益をあげるために、いかに集客、顧客満足を高めるかが論じられている。筆者は商学や経営学の出身ではなく、大学の学部から大学院の博士後期課程まで社会科学を専攻した。大学院の指導教員から、論文の指導を受ける際に、「商学や経営学は how（方法）について扱うが、社会科学は what（意味）や why（価値）をテーマにすべき」と教授された。本書でも、いかに儲けるかではなく、理念、知識、異文化などの視点から宿泊業を中心としたおもてなしのマネジメントについて、how の探索を通じて、what と why を深化させるアプローチで論じている。

本書で紹介する事例の多くは、必ずしも経済的、あるいは名声的な成功を収めていないかもしれない。しかしながら、それらの宿の客は満足し、従業員も楽しみながら働いている。そうした魅力的な宿を丹念に探し、インタビューや現地調査をお願いした。事例として訪問した宿は、いずれも素晴らしい仕事をしており、どのように客から慕われているかについて学ぶことが多く、また、なぜ宿を営んでいるか、その考えも興味深かった。本書を通じて、売上や利益など経済価値ではない、宿泊業や様々な事業のあり方について改めて考える契機となることを期待する。

目次

1章 「おもてなし」の射程

近年、日本独自のサービスである「おもてなし」が、国内外において注目され、学術的にも観光や文化、歴史などの分野を中心に研究が進められている。特に観光産業において、おもてなしは、顧客から発せられない要望を察するマニュアルなどの形式知化が困難なハイサービスであり、従業員個々の経験や技量など属人的な暗黙知が基となっている。そうした中で、本書でも紹介する事例のように、各従業員や各旅館がそれぞれに優れたおもてなしを提供している組織や地域もある。そのような優れたおもてなしのマネジメントに関する成功事例を調査した結果を紹介する研究も散見される［東北学院大学経営学部おもてなし研究チーム編、2012他］。「おもてなし」の類義語である欧米の「ホスピタリティ（hospitality）」には「ホスピタリティ・マネジメント（hospitality management）」が学術的に体系化され、実務的にもグローバルに事業を展開する外資系ホテルを中心に一定の成果が認められている。一方、「おもてなし」は、日本人の国民性、歴史や文化などが基層となる接遇の要素が未だ強い。そのためか、「おもてなしマネジメント」という語もなく、また、そうした考え方も一般的ではなく、マネジメントの視点からの研究は僅かである。そこで、本書では、一連の先行研究をレビューした上で、おもてなしの理念をどのように具現化するか、個々人の技能や知識に依存する暗黙知が基となるハイサービスである「おもてなし」を、組織全体としてどのようにマネジメントし、顧客の満足につなげるか、日本人の価値観や文化を共有していない外国人客にどのようにおもてなしを提供するか、といった課題について解明を試みる。

おもてなしには、サービスやホスピタリティと比べ、次のような特徴が主に見られる。第一の特徴は、相手に見返りを求めない利他の精神である。おもてなしを提供する者には「お客様に喜んでほしい」、「客の喜びが私の喜び」といった顧客志向の利他精神がみられる。人によっては、対象は客のみならず、観光客、地域住民、取引先といったステークホルダー（関係者）にまで及ぶ。こうしたおもてなしの利他精神は、どのように醸成されるのであろうか、3章「おもてなしの理念のマネジメント」で検討する。第二の特徴として、おもてなしは、提供する者の経験や勘といった暗黙知に大いに依存することである。おもてなしは、客が言葉にしない要望を察し、その場の状況によって、個人の長所や器量を活かして提供しなければならない。こうした一連の所作をマニュアルなどのように形式知化することは困難で、むしろマニュアル化出来たら、それは「おもてなし」とみなされなくなる。優れたおもてなしを提供する者の経験や勘を、どのようにして組織全体で共有、浸透させ、組織として一貫した優れたおもてなしを提供することができるのであろうか、4章「『おもてなし』の知識の共有とマネジメント」で論じる。第三の特徴は、おもてなしは、日本の歴史や文化風習、価値観を前提としている点である。おもてなしの提供者と客が日本人同士で同じ価値観を共有している場合、客が要望をはっきり言わなくても、従業員は「あ・うん」の呼吸で、その場の状況に応じた適切なおもてなしを提供することができる。それでは、日本人の価値観や文化を共有していない外国人へどのようにおもてなしを提供すれば良いのであろうか、5章「おもてなしの異文化のマネジメント」で考察する。

こうした論点を踏まえ、本書ではそれぞれの章の内容を次の通り構成した。

まず、2章「『おもてなし』とは何か――利他とさりげなさ――」では、本書における「おもてなし」について、サービスやホスピタリティとの比較により、その概念や特徴を検討する。「おもてなし」は、辞書や辞典において一定の定義がされているものの、提供者や受け手、論者によって、その考えも異なれば、実践も異なるといった特徴もある。そのため、各人によっても「おもてなし」について見解が異なり、多様かつ曖昧な概念である。本章では、おもてなしや特徴について論じられた近年の関連する先行研究を概観し、さらに、その類義語である「サービス」と「ホスピタリティ」との概念を比較することにより、改めて「おもてなし」の概念を再考する。

おもてなしは、提供する者の考えによって、その実践やそのあり方も多様であることを先に述べた。3章「おもてなしの理念のマネジメント」では、石川県加賀市山中町にある小旅館「かよう亭」とその亭主である上口昌徳を例に、おもてなしを提供する者の理念や利他の精神がいかに醸成され、「おもてなし」という実践へ具現化されるか、を考究する。上口は、1970年代における高度成長期において日本の近代化のあり方に疑問を抱き、山中の地域や環境と共存した旅館づくりへの理念を小旅館「かよう亭」によって実現した。その後、上口は山中地域の伝統産業や食文化の継承と発展、次世代の人材育成に「かよう亭」を通じて携わるようになった。なぜ上口が経済発展とは逆を行く小旅館「かよう亭」を開業するに至ったのか、そして、上口の関心と実践の場が山中の地域全体へと拡大していったかについて論じる。

多くの人が働く組織では、客をもてなす理念や価値観、技量は様々である。優れた理念や価値観、技量を知識として組織内に伝承、共有し、一貫したおもてなしを提供するためのマネジメントについて、4章「『おもてなし』の知識の共有とマネジメント」で論じる。おもてなしは、提供者個々の器量や経験に依存する属人的なハイサービスであるため、提供者によってバラツキが生じざるを得ず、それが客にとっての魅力となることもあれば、不満となる場合がある。魅力となるバラツキを活かし、不満となるバラツキを低減するような、組織内でのおもてなしの知識の共有とマネジメントが重要となる。この4章では、全体として従業員が優れたおもてなしを提供している組織として、「加賀屋」と「黒川温泉」と「ポジティブドリームパーソンズ」を事例として取り上げ、これらの組織が、いかに優れたおもてなしの知識を共有し、そのマネジメントを実践しているのか、その要衝について概観する。

5章「おもてなしの異文化のマネジメント」では、異文化の外国人客を相手に、おもてなしをどのように提供するか、外国人客から高評価を得ている宿の事例を概観する。おもてなしは、客が言葉にしない暗黙的な要望を察し、提供することに価値がある。こうした「察し」は、おもてなしの提供者と客が、同じ日本の文化や価値観を共有していることが前提となっている。日本の文化や価値観を共有していない外国人客を、どのようにもてなし、満足や感動してもらうか、「山城屋」、「澤の屋」、「富士箱根ゲストハウス」、「宿坊対馬西山寺」、「京町家　楽遊　堀川五条」、「白保フレンドハウス」といった訪日外国人観光客に定評のある宿の実践事例を俯瞰する。

最終章では、各章の論点をまとめ、本書が提示した各課題に対して、筆者なりの見解を述べる。経営学の多くで前提とされる経済的・物質的価値ではない、おもてなしの精神的価値とは何か、それをどのようにマネジメントするか、上述の事例を中心に論考する。

2章 「おもてなし」とは何か
――利他とさりげなさ――

2013年9月、IOC（国際オリンピック委員会）の2020年オリンピック・パラリンピック招致において、滝川クリステルのプレゼンテーション「お・も・て・な・し」という手振りと合掌を交えたスピーチにより、世界に*Omotenashi*という言葉は日本の優れたサービスとして認知されるようになった。2014年3月には「日本おもてなし学会」が設立され、その学術および実務面における研究の幕明けとなった。一般に「おもてなし」は「客に対する心のこもった接遇、歓待、サービスなどを意味する表現、〝もてなし〟に丁寧の〝お〟をつけた言い方。もっぱら〝お〟を付した〝おもてなし〟の表現で用いられる。もてなす事そのものが丁寧さに満ちた行いである」（三省堂『大辞林』（第三版））と定義されているものの、その概念は論者や実践者によって異なり、曖昧である〔稲田、2015：岩本・髙橋、2015：陳・加藤、2014：鶴田、2013〕。例えば、香坂〔2018〕はホテルでの接客の事例研究から、「サービス、ホスピタリティ、おもてなしは、形式的な対応の有無、期待以上の感動を与える処方の有無などにより区分されるが、それぞれの明確な区分はない」と結論づけている。宿泊業における主人や女将の「客をもてなしたい」という気持ちは一緒でも、家庭的な民宿のおもてなしと高級温泉旅館のおもてなしは異なり、それぞれのホテルや旅館によって考える「おもてなし」も、その実践やあり方も異なる。本章では、近年のおもてなしに関する先行研究を整理するとともに、その類義語である「サービス」や「ホスピタリティ」との比較によって、おもてなしの概念について再考する。

1　おもてなしの定義と特徴

おもてなしは、日本の「持て成し」文化に対応する言葉である「持て成す」を語源とし、「教養・性格などによって醸成された態度、身のこなし、人に対する態度、ふるまい方、待遇などとし、人をもてなすことは見返りを求めるものでなく、犠牲的でもなく、人自身に醸成されるもの」と定義されている〔服部、2006〕。おもてなしは、日本の礼儀作法を基層とし、日本の文化や伝統を踏まえた「歓待」とも考えられている〔宮下、2011〕。そのおもてなしの根底を成す日本の伝統文化とは茶道であり、客一人ひとりに合った接遇をそれとなく提供することで、客が心地よい気分になり、喜んでくれることを目的に、対価を求めない特徴がある〔岩本・高橋、2015〕。茶道から受け継がれた日本の伝統的な礼儀作法と客一人ひとりに合わせた接遇とが融合され、今日のような日本旅館などで提供されるおもてなしになったとされている〔前田、2006〕。こうした非営利的な個人的行為として相手を歓待し、相手を理解、配慮するおもてなしは、対象者である客一人ひとりに対する個別性を追求することで客が満足する。こうした個々の客のことを想い、「自分がしたいから、する」といった日本人独特の情緒性をもち、かつ、他者に遠慮しつつ、客が欲する前に本心を汲み取り、さりげない行動によって「おもてなし」は示される［上田、２０１１］。そのため、主人が異なれば、客も様々である旅館において、旅館が違えばそのおもてなしも異なる独自性が評価される。

おもてなしは、客に気遣いをさせない主人のもてなす側の配慮ともてなされる側の客の遠慮が一体となって場を構築する茶道の「主客一体」の考え方が基となる［福島、２０１５］。主人は客からの感謝を求めるつもりはなく、主人が客に行うすべてが利他精神による無償のもてなしである。この相手への配慮の背景には、日本人特有の「察し」の文化と言われる深い洞察力と高い精神性に基づく、相手を慮る文脈的考察がおもてなしに存在する。おもてなしには、もてなす主人が客の意向を察して行動するだけでなく、もてなしを受ける客も主人が行おうとする行為と意図を察する感性が求められる。こうした主人が配慮し、客が遠慮することでおもてなしが成立するような相互関係を、原・岡［２０１４］は「察しのコミュニケーション」と称した。料亭で、例えば、仲居が客との会話や様子から暗黙的な意図を汲み取ったり、季節や庭を話題にすることよって緊張を和らげたりして、その適切な場づくりを行う。仲居が客を慮る結果、客は料理だけでなく、庭や掛け軸の細部まで目を配り、その店のおもてなしの価値を認識する。おもてなしは、原・岡［２０１４］によれば、提供する主人が客の心理状態や体験といった暗黙的な情況を汲み取ることで、客のおもてなしへの感度を高める「価値共創サービス」である。すなわち、客を喜ばせるために、その場の状況や文脈から客が求めることを推察することがおもてなしには求められる。

おもてなしは、日本の歴史や文化のみならず、自然風土や生活慣習などからも影響を受け、主人と客の双方の暗黙的な共通認識（コンテクスト）を背景としている［小林、２０１５ａ］。この共通認識に依存するおもてなしは、様々な主人と客との接遇の長期的な歴史と実践によって洗練され、高度に構造化されたハイコンテクストなサービスとして形成されてきた。こうした主人と客による同じ共通認識を前提とし、おもてなしは、双方の置かれる関係や立場から、暗黙的な意図を当意即妙に解釈し合うことで成り立つ。互いにコンテクストが共有されていれば、言葉で伝えなくても、意図がしぐさや表情など言語に表さないコミュニケーションでも適切に認識できる。こうした、おもてなしを主人と客とがお互いに評価し、双方が切磋琢磨し、その内容を高め合うことで、新たにおもてなしが創造、進化され続ける。それゆえ、おもてなしの知識は、文化や価値観などコンテクストが異なる地域での共有や移転が難しく、おもてなしが伴う事業の大規模チェーン化やグローバル化は見られることはない。

こうした論点を整理すると、おもてなしは、日本元来の伝統文化と礼儀作法を背景とし、独自の文化や価値観などの共通認識を主客が共有していることを前提とし、主人は客が言葉に発しない要望を察してさりげなく提供する、主客双方がお互いを配慮、遠慮する「主客一体」の場が形成されるといった特徴をもつ利他的な歓待行為と要約できよう。

2 サービスとホスピタリティとの比較によるおもてなしの概念

おもてなしの概念をより明確に捉えるため、その類義語である「サービス」と「ホスピタリティ」についての近年の文献を網羅的にレビューした上で、それぞれを「おもてなし」と比較する。

（1） サービスとホスピタリティ

サービスは、服部［2006］によると「有形及び無形のものを第三者に提供する過程を示すものである。意味の中には〝奉仕〟や〝貢献〟もあるが中心は自己の利益や対価を獲得するための義務的・機能的行為であり、その中には見返りが内在する」と定義されている。一方、ホスピタリティは、稲田［2015］によると「客を親切にもてなすこと、人が自宅以外において食・住を求める場合にその提供を行うもの」とされている。1990年代初め頃から「ホスピタリティ」は「サービス」に代わって使われるようになり、ホテルなど宿泊業とレストランなど飲食業といった産業的側面を指すことも多くなった。今日でもビジネスやマネジメントに限らず、日常的に広範に多用され、特に観光産業における「接遇」や「歓待」の意味で用いられるようになり、これらの事業を総称して「ホスピタリティ産業」として捉えられている［稲田、2015］。このようにして「サービス」に代わり広く使われるようになった「ホスピタリティ」の定義も多様で、また「サービス」の定義との区別も明確ではない。そのため「ホスピタリティ」の概念について統一的な見解に至っておらず、サービスやホスピタリティと呼ばれる実践には重複する部分が多く、それらを区分する基準も様々かつ曖昧である［青木・安本・安村、2018］。サービスとホスピタリティの両者は，提供者と客との間の社会的相互作用で成り立つ接遇であること［前田、2007］、サービスの特性である無形性、不可分性、異質性、消滅性に関しては、有形財である「モノ」と比較した際の特徴がホスピタリティと共通している［稲田、2015］。「サービス」は、公私を問わず、利用者の役に立つ、あるいは、満足を得ることを意図した職業的な行為や仕組みと考えられ、ビジネスとして利益の追求を目的とする有償の経済的行為である。そうしたサービスに対して，「ホスピタリティ」は、元来、庶民が他者を歓待する自発的な無償の行為から発せられた、経済的活動から除外される無償の社会的行為として論じられている〔前田、２００７など〕。

ホスピタリティをサービスの補足的な付加価値サービスとし、「客をゲストとして扱い、サービス組織とのインタラクションの間、客のニーズに対応したきめ細かく行き届いた快適さを提供するもの」〔Lovelock & Wright, 1999〕とする一方で、「主客同一の精神が根源にあり、共同体の主人と共同体以外のもてなされる側である客人の相手側が相互にホスピタリティの互酬・互恵義務を持ったもの」と主客の立場が異なる見解もある〔服部、２００５〕。航空会社での勤務体験を通じて、舘野・松本〔２０１３〕はホスピタリティについて「創造された付加価値や歓びを分かちあうことを創出する行為であり、〝あなたが嬉しいと私も嬉しい〟という思いに基礎を置く」といった考えもある。

サービスとホスピタリティの相違点として、サービスは受ける側が上位で、提供者は満足を与えるために奉仕するといった一時的な客との上下間のある主従関係が考えられる。一方、ホスピタリティの主客関係は、提供者と客は互いに喜びや感動をもたらす相互的な（ヨコの）対等関係である〔服部、２００８〕。例えば、友人宅に招かれた客が一緒に食事をするのは「ホスピタリティ」に基づく行為であり、金銭の授受を前提としたビジネスとしての「サービス」行為ではない。サービスを客と提供者の垂直的なタテの関係とした場合、無償で提供されるホスピタリティは主人と客の立場が対等にあるときに成立する相互的かつ水平的なヨコの関係と考えられる〔服部、１９９６〕。

他にもサービスとホスピタリティの相違点として、対象顧客、従業員の意識と行動、提供する内容などあげられている〔稲田、２０１５〕。対象顧客に関して、サービスは同じものを多数の客へ提供することを意図しており、マニュアル化が可能である。ホスピタリティは客一人ひとりに合わせた異なる対応が求められるため、マニュアルによる一律的な対応は困難である。従業員の意識に関して、義務感から受動的に行動や提供を行うとされるサービスに対して、「客を喜ばせたい」という気持ちで使命感をもって能動的に行動するのがホスピタリティとする、提供者による心構えによる違いがある。提供内容については、サービスは価格に合った基準や条件を満たす相応的な基本価値、一方のホスピタリティは客の期待、願望、予想を超える付加価値を提供することによってホスピタリティと認識される。そうした特徴から、異なる客に合わせて臨機応変に提供する対応が求められるホスピタリティは、サービスの基本価値を超えた上位概念としても考えられている［稲田、２０１５］。

（2） サービスとおもてなし

サービス提供者が、客が支払った金額以上の無償の「心遣い」や「気配り」をすることで高く評価される。そうした「心遣い」や「気配り」が「おもてなし」と認知され、個々の従業員が、決められたサービス以上のおもてなしを自発的に提供できるように教育している組織もある［服部、１９９６］。おもてなしとサービスの違いについて、対象を個人か一般大衆に向けたものか、で分ける観点もある［堀口・羽渕・櫻井・古屋、２０１５］。近代的な飲食チェーン店などでは、運営の標準化、マニュアル化やシステム構築によって多くの客に向けた一律的なサービスを効率的に提供可能にしている。こうしたマニュアル通りのサービスは、客は不満を感じないが、客の満足や感動を得ることは難しい。定常的なサービスに加え、客の心を惹きつけ、また来てもらう工夫が必要となる。そのためにも、客の予想や期待を事前に把握し、先読みをすることで、おもてなしとなり得る。他にもサービスとおもてなしの違いについて、あらかじめ想定された定型業務をサービス、その範囲ではこなせないコンテンジェント（状況的）サービスをおもてなしとする観点もある［近藤、１９９９］。平均的な客を想定した標準サービスは前もって準備できるが、そうした標準サービスを忠実に実行するだけでは「おもてなし」として客は見なさない。個々の客や状況に依存することが多いおもてなしは予測困難である。客との対話により言葉にしない暗黙的な要望を見出し、その時と場や状況に応じたおもてなしを提供することで、おもてなしとしての付加価値となる。

このように適切におもてなしを提供するためには、客の視点から考える観察力と、客の気持ちを理解する共感性が重要となる。また、客との接触時間や回数にもサービスとおもてなしの違いがある［福島、２０１５］。サービスは、提供者と客が接する時間と回数は限られ、かつ、提供者が個人の判断で付加的なサービスを行う権限もなく、客の要望を提供者が推察し、当意即妙に応えることは難しい。サービスを受ける客も提供者との親しい関係を望まない者もおり、むしろマニュアル通りの迅速かつ効率的なサービス提供が好まれる。

おもてなしは、客との対話といった言語的表現のみならず、態度やしぐさといった言語にしない表出から客の要望を察するためには、客との接触回数を多く、長くすることが要される。おもてなしを提供する現場の者には、こうした付加的なサービスを行う裁量権が認められていることがあり、自らの判断で行動できる権限移譲が組織的になされている。人材育成においても、マニュアル中心のトレーニングが主体となるサービスに対し、おもてなしは提供者自身が考え、行動可能な教育や研修が中心となる［福島、2015］。

(3)　ホスピタリティとおもてなし

ホスピタリティとおもてなしは両者とも、サービスと比べ、その提供過程において、サービスがもつ機能性とホスピタリティやおもてなしがもつ情緒性との組み合わせを超えた、客一人ひとりへの対応が求められる個別性によって評価される点で共通している［前田、2006］。おもてなしとホスピタリティは、個々の客の満足を尊重し「客の満足は自分の満足」とする心構えにおいても共通しており、そのため宗教や文化の多様性を見据えた展開が課題になる［舘野・松本、2013］。ホスピタリティの語源は「客人を歓待・客人保護する」であり、おもてなしも「客人を招待する」ことから発せられており、それら本来の意図は異人の歓待であることから、サービスの上位概念として捉えられる［陳・加藤、2014］。さらに、両者とも礼儀やルールに基づいており、客を一人の人間として接していて、「できないことはない」といった限界を感じさせない対応力などの共通点もあげられる［寺阪・稲葉、2014］。提供する者の行動から相手を心地良くする歓待の精神性、主客対等といったおもてなしとホスピタリティとの共通点もある［小林、2015b］。また、サービスは、受けた客が満足しなくても、決められた用役や活動を提供されたならばサービスを提供したとみなされる。一方のおもてなしとホスピタリティは、提供した者が、それにふさわしい価値を提供したと思っても、受けた客がそのように評価しなければ、おもてなしやホスピタリティとして成り立たない。おもてなしやホスピタリティという行為によって、主人も客も双方でその価値を実感し、歓びを分かち合えた時、双方とも嬉しいという思いを共有して初めておもてなしやホスピタリティと見なされる点でも同じである［舘野・松本、２０１３］。

おもてなしとホスピタリティの違いについて、ホスピタリティ産業では、ホスピタリティを含んだサービスを客に提供し、対価を得るビジネスである一方、おもてなしを提供する者は客に見返りを期待しないといった有償・無償の違いを原［２０１０］は指摘する。すなわち、ホスピタリティが奉仕料またはサービスチャージという形で金銭的にサービス料として換算されており［服部、２００８］、宿泊業において顧客満足を高めるために、接客者のホスピタリティが特に重要となる。ホテルの請求書において、ホスピタリティが客の受ける有償サービスの中に含まれる点で、無償性の高いおもてなしと異なる［和田、２００８］。その他のおもてなしとホスピタリティの違いには、客と提供者との間の距離感があげられる［寺阪・稲葉、２０１４］。日本語の「おもてなし」から連想される言葉として、formality（形式）や politeness（礼儀正しさ）といった礼儀やマナーに係る表現が使われる一方、欧米の hospitality は friendly（人懐こい）や intimate（親しい）といった親しみやすさを示す表現が含まれ、文化による違いが見られる。また、おもてなしには「丁寧すぎる」、「間違いがあると失礼にあたる」といった carefulness（慎重・入念）が根底にあるとともに、提供者と客との間に「礼儀」といった共通認識が存在し、この礼儀が欠けると客に対し失礼となる緊張感をおもてなしは内含している。おもてなしの「奥ゆかしさ」、「さりげなさ」、「型・連携」は、ホスピタリティにはない日本文化に根差した要素である［長尾・梅室、２０１２］。ホスピタリティが相手に肯定的な感情を抱かせる「歓待」に重きを置くのに対し、おもてなしは「歓待」に加え、主客一体で場を作り上げる「決まり事」が付与されている点でも異なる〔福島、2015〕。おもてなしの「決まり事」には、もてなす側ともてなされる側の双方が認識していることを前提とし、仮に相手が決まり事を知らなかったとしても、「恥をかかせない」、「面子を保つ」ことを礼儀とし、その場での相手の失態を指摘することはしない。「信頼関係」、「一期一会」、「役割交換」、「もてなされる側の感受性・教養」、「空気を読む」など日本の伝統文化に根付いたおもてなし独自の特徴はホスピタリティには見られない〔稲田、2015〕。ホスピタリティが人間の基本的な倫理観や道徳観を反映している一方、おもてなしは日本特有の伝統文化、精神性や関係性などに根付いている。

世界的なホテルチェーンなどに象徴されるホスピタリティ産業は、地域の独自性を受けにくく、様々な分野でグローバル化に成功している。反面、モジュール化、マニュアル化、水平分業化などを通じた再現性が相対的に高いため模倣が容易で、供給過剰に陥りやすい〔小林、2015b〕。一方、日本旅館を代表とするおもてなしは、事業の拡大よりも代々の継続性を優先し、日本の環境に適した発展を遂げてきた反面、規模の拡大を想定しない事業運営であるがため、グローバル化に適合しにくい。また、欧米客のようにニーズやウォンツを明示的に伝えられるホスピタリティでは、客は上位に位置付けられると見なされ、客のニーズやウォンツを完全に理解し、提供することが最低限の仕事であり、さらに客の期待を上回って喜ばせることが重要となる。おもてなしは主客対等の立場を前提とし、ニーズやウォンツを明示的に発しない日本人客の暗示的な期待や要望を察したさりげない接遇が好まれる。ホスピタリティには、おもてなしにおける「気配り」や「心配り」と同義に扱われることがあるがために類似性が高いと考えられている。しかし、ホスピタリティの「気配り」や「心配り」には単に相手を歓迎し、心からもてなすといった広い意味がある一方、おもてなしは、提供者が客を喜ばせ、満足させるために「気配り」や「心配り」を推察に基づいて行う点において異なる〔服部、1996〕。

3　おもてなし、ホスピタリティ、サービス

以上、ホスピタリティやサービスとの比較分析を通じて、おもてなしの概念を改めて考察するため、それぞれの特徴や共通点を表2-1にまとめた。

おもてなしは、提供者が場の状況や文脈から客の暗黙的な要望を推察し、さりげなく行うことに特徴がある〔服部、1996；上田、2011；原・岡、2014〕[(1)]。客が発しない要望を推察するには、日本の歴史や伝統文化に根差した礼儀作法〔宮下、2011〕や決まり事〔福島、2015〕を、もてなす提供者ともてなされる客の双方が共通認識（コンテクスト）としてもっていなければ成立しない〔小林、2015b〕。その共通認識とは，日本文化に根差した「奥ゆかしさ」、「さりげなさ」、「型・連携」、「他者への遠慮」など日本人独特の情緒性が主体となる〔寺阪・稲葉、2014〕。おもてなしは、もてなす者がもつ場の「空気」を読む力、もてなされる側の客の「感受性・教養」といった主客一体〔福島、2015〕や双方の信頼関係〔稲田、2015〕によって共に価値が創られる。その提供過程において、もてなす者ともてなされる客は立ち場が対等で、双方が気遣うさりげない接遇が好まれる〔小林、2015a〕。

おもてなしに比べ、サービスは顧客の要望に対し受動的で、対価に見合った最低限の基本的な行為

表2-1　おもてなし，ホスピタリティ，サービスの特徴

グローバル ←→ 日本独自（横軸）　応用 ↕ 基本（縦軸）

ホスピタリティの特徴	ホスピタリティとおもてなし共通の特徴	おもてなしの特徴
• 客の明示的なニーズやウォンツを理解し提供［小林，2015］ • 相手を歓迎し心からもてなす広い意味［服部，1996］ • 地域特性を受けにくくグローバル化可［小林，2015］ • サービス料に含まれる［服部，2008；和田，2008；原，2010］ • 顧客のニーズに対応したきめ細かく行き届いた快適さを提供［Lovelock & Wright，1999］ •「あなたが嬉しいと私も嬉しい」との思い［舘野・松本，2013］ • 庶民が他者を歓待する自発的な無償の行為から発せられた経済的活動から除外される無償の社会的行為［前田，2007］ • 相互的な（ヨコの）対等な関係［服部，2008］ • 提供者がホスピタリティを提供しているつもりでも，客が受け止めない限り成立しない［服部，2008］ • 客一人ひとりで異なり，一律的なマニュアル対応は困難［稲田，2015］ • サービスを超える客の期待，願望，予想を超える価値を提供［稲田，2015］	•「客の満足は自分の満足」とする心構え［舘野・松本，2013］ • 本意は異人歓待で，サービスの上位概念［陳・加藤，2014］ • ①礼儀やルールに基づく，②（客を）一人の人間として接する，③「できないことはない」といった限界を感じさせない対応力［寺阪・稲葉，2014］ • 主客対等で，相手を心地良くする，歓待するという提供者の心情と精神［小林，2015］ •「客を喜ばせよう」という気持ちで使命感をもった能動的行為［稲田，2015］	• 客を喜ばせ，満足させるため主人が推察して行う［服部，1996］ • 日本人独特の情緒性，他者への遠慮，相手が欲っする前に気持ちを汲み取り，さりげない行動で示す［上田，2011］ •「主客一体」［福島，2015］ • 場の状況や文脈から客が求めることを推察［原・岡，2014］ • 主人と客が暗黙的な共有認識（コンテクスト）をもつ［小林，2015］ •「慮り型」サービス［原，2018］ •「礼儀」，「奥ゆかしさ」，「さりげなさ」，「型・連携」など日本文化に根差す［寺阪・稲葉，2014］ • もてなす側ともてなされる側双方が「決まり事」を認識［福島，2015］ •「信頼関係」「一期一会」「役割交換」「もてなされる側の感受性・教養」「空気を読む」など日本の伝統に基づく独自の要因［稲田，2015］ • 提供者と立ち場が対等で，さりげない接遇を好む［小林，2015］ • 日本の伝統文化に根差した「礼儀作法」［宮下，2011］
サービスとホスピタリティとおもてなし共通の特徴 • 実践において重複する部分が多く，区分する基準も様々で統一されていない［青木・安本・安村，2018；香坂，2018］ • 提供者と客との間の社会的相互作用で成り立つ接遇［前田，2007］ • サービスの特性の無形性，不可分性，異質性，消滅性は共通［稲田，2015］		
サービスの特徴 • 提供する義務感から受動的［稲田，2015］ • 自己の利益や対価を獲得するための義務的・機能的行為［服部，2005］ • 利用者のに役立つ，満足を得ることを意図した職業的行為や仕組み，ビジネスとして利益の追求を目的とする有償の経済的行為［前田，2007］ • 受ける側が上位で，提供者は満足を与えるために奉仕する一時的な主従関係［服部，2008］ • 同じものを多数の客に提供することを意図しマニュアルでの対応可［稲田，2015］ • 価格に合った必要最低限の基本価値［稲田，2015］		

をマニュアル化などの工夫により合理的かつ効率的に提供することが求められる。こうした特徴のため、おもてなしは、ホスピタリティと同様にサービスを超えた応用が要される。すなわち、サービスとは異なり、おもてなしとホスピタリティは、客の要望に応じてその時の状況や客の個別的な対応を能動的に行うことが求められる［陳・加藤、2014］。こうした臨機応変に客に対応することにより、サービスを超えたおもてなしやホスピタリティとして客は認識する。一方、客が要望をはっきりと言う欧米を中心としたホスピタリティと異なり、おもてなしは、提供者と客との間に日本の文化や価値観を基底とする共通認識があるため、言葉で明示的に要望を伝える必要がない。客に対する心配りや気遣いは、提供者個人の技量や性格によっても変わり、おもてなしの評価も客の感性によるところが大きい。そうした心配りや気遣いといったさりげなさが日本独自のおもてなしであり、客に顕示的に提供してアピールするホスピタリティとも異なり、それゆえに他国への展開を困難としている。

注

（1） こうしたおもてなしの特徴を原［2018］は「慮り型サービス」と定義している。

3章 おもてなしの理念のマネジメント

旅館やホテルなど宿を経営する理由や背景は様々である。宿泊業はビジネスであり、ビジネスである以上、売上や利益、事業の成長や拡大を指向することは当然と考えられている。ただ、本書で紹介する人たちが宿を経営する目的は経済的な成功ではない。本章では、その典型例として、山中温泉（石川県）の小宿「かよう亭」と亭主の上口昌徳について紹介する。[1] なぜ上口が「かよう亭」を開業したのか、なぜ小旅館の一亭主である上口が地域の発展にまで携わるようになったのか、どのようにおもてなしの理念、地域を思う利他の精神が醸成されてきたのか、上口の「かよう亭」の経営を通じて、おもてなしの理念のマネジメントについて考える。

1　山中温泉「かよう亭」

山中温泉は石川県加賀市の山あいにある、松尾芭蕉、吉川英治、山本周五郎など文人も訪れた1300年以上の歴史がある温泉地である。その山中温泉に10部屋しかない小旅館「かよう亭」がある。

写真3-1　「かよう亭」の玄関

（出所）かよう亭提供.

かよう亭は、アメリカのガイドブック*Japan's 4 Best Ryokan*に「日本一の朝食」として紹介され、また、優れた温泉施設を表彰する「スパ&ウエルネスジャパン　クリスタルアワード」のジャパン部門賞（2014年）を受賞し，国内だけでなく海外からも客が訪れている。(2)「かよう亭」の特徴は素朴さにある。山中の自然環境との調和を重視し、旅館内外に無駄なものを省き、売上・利益追求や物質的・量的拡大ではなく、地域の自然環境を保全し、日本古来の温泉旅館としての役割を全うしようとしている。外観は旅館自体が緑の木々や清流など周囲の環境に溶け込むよう、建物の高さや配色にまで細かい配慮がなされ、入り口付近では看板やサインボードなど周囲の景観を壊すようなものは排除されている。玄関を入るとあがり框《がまち》があり、庭に出るための庭下駄や火鉢など日本的な要素が随所に見られる。内装には地元の木材を中心に用い、越前和紙、山中漆器、地元の職人が手掛けた陶器の板を使用している。他にも、畳、天然木の家具や調度品など、地元職人の技が活かされている。「かよう亭」の廊下には畳が敷かれ、宿泊客はスリッパなしで歩くことができる。「かよう亭」の食事は可能な限り地元の食材を使い、生産者一人ひとりの名前がわかる料理を亭主自らが選んだ器に盛って、客が喜ぶ贅を尽くした会席料理を提供している。上口の経営方針は、「朝はお客様を起こさない」、「宣伝は一切しない」、「旅行代理店とは付き合わない」、および「利潤を追求しない、家族みんなで食べていければよい」である。「かよう亭」では宿泊客を信頼し、ルームキーは希望者にしか渡さない。こうした姿勢が、「かよう亭」のファンを集めリピーターによって不況に左右されない高級小旅館となった。

2 「かよう亭」と上口昌徳

「かよう亭」の前身「東山荘」は、昭和初期、すでに山中の渓流沿いに木造二階建て収容人員40名の温泉旅館として営まれていた。元は材木商を営む上口の父親が、第二次世界大戦後に間もなくその旅館を引き継ぎ、後に上口家の家業となった。その山中の地に生まれた上口は1958年に法政大学大学院を修了し、1960年にホテルの専門学校を卒業した後、実家の旅館業に参画した。高度経済成長期の当時、宿泊業界も拡大路線が主で、多くの温泉旅館は規模拡大に向けた建物の増改築や近代的なホテルへの改装を行っていた。当時、旅館に限らず、経済性の追求といった欧米の考え方が日本にも広まっていた。上口の実家が材木商のため、木材をふんだんに使った増改築が容易であり、「東山荘」は200名収容、部屋数54室の大型旅館となっていた。他の旅館同様、東山荘も大型旅館の形態をとることで多くの宿泊客を取り込み、繁盛していた。

写真3-2 「かよう亭」の部屋
（出所）かよう亭提供.

1973年、日本がオイルショックに巻き込まれた際、資源の有限性を認識した上口は「温泉地も旅館も長い年月、人々を楽しませてきたが、戦後に到来した高度経済成長期の数十年の間に資本主義の考え方に日本全体が圧倒され、本来、我々が大切にすべきものを自ら失っていったのではないか」と悟り、上口の旅館経営の考えに影響を与えた。上口は何の構想もないまま、父を1カ月のハワイ旅行に送り出し、その留守の間に父の旅館「東山荘」を廃業する。上口は、廃業によって取引銀行から見放され、激しく怒った父親と強い確執が生まれた。

その後3年をかけて上口は「旅館はホテルではない、10室が限度。お客は20名くらい。朝はゆっくり起きて、朝食は好きな時間に。大きな旅館がしていることの反対を行こう」と「質の良い宿屋」の構想を練った。明治以降、特に戦後の高度成長期に経済優先の中で失い続けてきたもの、すなわち、本来の日本の文化の蘇生が大切と上口は考えていた。「地方の観光地、ましてや心身を蘇生する温泉と温泉文化のある地には、日本の都市生活者も含め世界の人々が訪れてくれる大切なものが残っている。それを旅館に活かしたい」と上口は思った。激怒した父に対し、上口の母は「息子が考えることだから何かあるのだろう。だから言うことを聞いてやって」と言い残して亡くなり、諦めた父は旅館経営の実権を息子、上口に託した。母の名前〝かよ〟から宿を「かよう亭」と名付けて、東山荘の廃業から4年間の試行錯誤を経て、１９７７年に10室20人定員の小さな宿、「一人ひとりの旅人に宿の主が出会える宿」〔眞鍋、２００９〕をコンセプトとした「かよう亭」が開業した。

3　上口昌徳の旅館経営

上口は、旅館のあるべき姿について「日本の宿はその地の文化紹介の場であるべきです。ホッと人間としての我が身に甦って明日に生きる活力に溢れる、そんな宿でありたいのです。また、宿は人々の心の交わりの場でなくてはならないはず。旅人とおもてなしをする者の温かくて真摯な心が交わって知恵が深まる場でもあるのです。そして人々が無くしつつある自然と人との共存を願う良心の場でもありたい」と語っている〔今井、２０１２〕。上口は「山中の素晴らしい大自然、人を蘇らせる温泉など長い歴史の中で培われてきた環境資産を守ることが自分の使命である。温泉、九谷焼、我谷盆などの山中独自の資産を守り抜いてこそ、山中温泉全体の反映があり、その延長線上にかよう亭の存続がある」と考えている。「かよう亭」において「旅館は地域のショーケース」と「真のアンチエイジング」といった2つの経営指針を上口は提示している。

第一の「旅館は地域のショーケース」とは、来店した客に商品の魅力が伝わるよう工夫されたショ

写真3-3　かよう亭のロビー

（出所）かよう亭提供.

ーケースと同様に、旅館もその土地の文化や歴史、自然、温泉などの魅力が宿泊客に伝える意味である。上口の旅館経営の理念には「旅館は社会の公器なり」がある。上口は「旅館はその地の文化の集合体、紹介の場であり、その旅館の主はその伝道者で住民に畏敬される旦那衆である」と考え、「かよう亭」という旅館を山中の地域と物産の紹介の場にしている。「かよう亭」の館内では、地元の職人達の作品が展示や使用され、例えば、和風ラウンジには、地元の著名な木地師がろくろで欅の木で造り上げた黄金色に鈍い光を放つワイングラスが置かれている。「かよう亭」で展示や使用されている食器の一部は購入可能で、山中漆器や九谷焼の商品を見て、1点1万～3万円の高額商品を購入する客もいる。数ではなく、質の高さや地域の産物が大事と考える上口は、「かよう亭」を通じて「山中温泉ならではの本物の魅力」を客に提供している。

第二の「真のアンチエイジング」は、上口の「旅館はそもそも湯治客の宿泊の場であり、癒しを目的とする」といった考えを具現化した、「滞在によって心身ともに元気になれる、

写真3-4　かよう亭の朝食

（出所）かよう亭提供.

最上質の宿」といった「かよう亭」の目指す方向を表している。例えば、合鴨農法による無農薬の米、地鶏の卵、白山の清流水で作る豆腐、アルカリ水と地元の粉で作る和菓子、4代目が醸造する醤油、250年続く14代目が醸造するお酒など可能な限り地元の素材を使い、自分達が選んだ地元の器に盛って一品一品を温かく、あるいは冷たいまま提供する。朝は宿泊客に好きな時間に起きてもらい、日本一の朝食と言われる、熱いだし巻き卵、地元の岩海苔などを提供している。このように宿泊客に提供する料理は地産地消を基本とし、有機野菜はもとより、米、卵、豆腐や酒、酒かすなどの加工食品もなるべく身体への負担が少ない食材を厳選している。

こうした「旅館は地域のショーケース」と「アンチエイジング」のコンセプトに経営されている「かよう亭」では、山中の地域ならではの本物の温泉文化と旅館文化、そして職人技である「山中の本物」を国内外へ発信している。

4　上口昌徳の地域活動

上口は「宿泊は旅という行為の一過程であり、旅の目的はその街の風土、文物の魅力に感動し、人情の機敏に触れ合って満足感を得ること。だから、温泉町全体が温かく調和して比類ない豊かな個性、すなわち、その町の文化を持ち、町人全体で旅人を温かくお迎えしなくてはならない」と考えている。このような理念を上口は地域住民と共有し、**表3－1**のような様々な地域の要職を歴任し、具体的な事業を行ってきた。例えば、現在の山中温泉地域の中心的な観光スポットとなっている、山中座、あやとりはし、こおろぎ橋、黒谷橋などの整備である。また、日本の風土が持つ美しさを宿泊客に堪能してもらうため、温泉郷の渓谷を歩く散策路の整備や街並みをかつての古き良き姿に戻した。こうした上口の地域貢献活動は、街づくり、次世代の育成、世界への発信などにも及ぶ。

表3-1　地域における上口昌徳の要職

有限会社かよう亭　代表取締役社長	
1932年３月６日石川県山中町生まれ	
1964年	山名町町議会議員（通算１期）
1967年	石川県議会議員（通算６期）
1973年	山中温泉観光協会会長
1989年	北陸観光協会会長
1996年	山名町商工会会長
2000年	加賀江沼食品衛生協会会長

（1）　山中の街づくり

上口は、「かよう亭」を経営する傍ら、様々な山中の地域活性化活動に携わってきた。例えば、山中の産業や文化を花に見立てた「いい花みつけた」事業では、町内の空き店舗を借り上げて、山中の文化、地場産業を紹介している。山中は世界でも高く評価されている色絵磁器、九谷焼の発祥の地でもある。新進気鋭の現代九谷焼作家の作品展の開催、九谷焼の名品の展示などの文化活動を空き店舗や休業中の宿をアートギャラリーにして行ってきた。伝統工芸品の展示の他にも、商品の即売や職人芸の実演なども行っている。こうした事業を通じて、これまで交流のなかった旅館、漆器職人、商店、その他の住民たちが初めて協力し合い成功した。また、旅館の奥さんが「子や孫たちにせめて美しい花や緑くらいは残しておきたい」と願い、住民を巻き込み、桜の樹を道端や山裾に植える「300年緑の会」の活動が行われている。商店街は、訪れる観光客が感動する山中らしい景観を研究する協議会を組織し、それに対応して商工会は「あなたのお店が町景色」認定店の選定事業を発足した。こうした観光客が楽しめる観光スポットを整備し、その観光スポットや九谷焼発祥の地をつなぐ巡回バス「いい花お散歩号」を、旅館の女将がバスガイドを交代で務め運行している。

(2) 地域での次世代の育成

山中の職人の育成のために「かよう亭職人塾」を2002年に上口は創設した。もともと、「かよう亭」に納めている安全な卵や合鴨、米、食器などの生産者や職人たちと連携を図り、切磋琢磨することが目的であった。上口は「本物を作る職人が存在するからこそ、本物が提供できる」と考え、10年以上をかけて取引業者を中心に声をかけ、月に1度程度、勉強会を開いてきた。メンバーは、山中塗師、蒔絵師、木工職人、和紙職人、九谷焼職人、畳職人、和菓子職人、豆腐工房、イタリアンレストランのシェフ、健康卵農場主、酒造杜氏、有機野菜農場生産者、有機無農薬合鴨米生産者などである。

写真3-5　こおろぎ橋

（出所）山中温泉観光協会ホームページ.

こうした「かよう亭」と取引している生産者と一緒に地域の産業が成長して行く仕組みが「かよう亭職人塾」である。職人塾は「かよう亭職人未来塾」へと発展し、塾のメンバーは約20名である。塾では、スペシャルアドバイザーとして外部から講師を招き、講演会やセミナーを開催し、一般の住民にも開放している。地域外からの外部講師との交流は、塾のメンバーにとって視野を広げる機会にもなり、活動が活発になる。さらに「かよう亭職人未来塾」では、山中で生産される職人技や地域文化を海外にも発信しており、欧米からも関心が寄せられ、一旅館の取り組みを超えた独自の展開を見せている。

(3)　山中の産業の世界への発信

上口は、山中の漆器産業を世界に発信することにも尽力してきた。山中の10代から60代の職人と一緒に、上口は約２００人の工芸家が住むカナダのソルト・スプリング島に渡り、共同作品を制作したり、お互いの技術を紹介したりしあうなど、1年間にわたり交流したこともある。カナダでは、職人たちが自分たちの作品を自ら販売し、３日間で1万ドルほどの商品を売ることもできた。こうした体験を通じて、山中の職人たちは国際的な視野の中で、日本の伝統工芸を改めて探求するきっかけとなった。帰国後、一緒に海外に行った山中の職人たちは、これまで交流が殆どなかったが、お互い意見交換するようになり、海外で多くの人に作品を見てもらいたいという意欲を持つようにもなった。他にも、上口は「かよう亭」とイタリアの古い歴史を持つホテルを連携し，常連客を紹介し合ったり、日本旅館として初めてカンヌにおける富裕層旅行博インターナショナル・ラグジュアリー・トラベル・マーケット（ＩＬＴＭ）に参加したりするなど、国際展開にも意欲的に取り組んでいる。このように上口は「山中の同じ祖先の遺伝子をもった運命共有者が集まって地域を発展させなければならない」と考え、山中の地域活性化をリードしてきた。

5　旅館経営におけるおもてなしの理念とマネジメント

上口が「かよう亭」の経営を通じて自分自身の理念をいかに具現化させていったのか、その動機と活動の変遷について年代ごとに**表3-2**のように整理できる。

東京での学業生活を終え、山中温泉の旅館で家業を手伝っていた上口は、1973年にオイルショックの光景を見て、「高度成長の量的拡大は長くは続かない、どこかで破綻する」と強い懸念を抱いた。そして、上口は父親の海外旅行中に、代々営まれた客室40部屋、収容人員200人の大旅館「東山荘」を閉鎖する。3年間の構想後、上口は「自然の中に生かされている」という原点に戻り、自然環境との調和を重視した無駄なものを省いた素朴さを特徴とする、「一人ひとりの旅人に宿の主が出会える

表3-2　上口の動機と「かよう亭」を通じた活動の変遷

年代	動機	活動
1970s	「温泉地も旅館も長い年月，人々を楽しませてきたが，戦後に到来した高度経済成長期の数十年の間に，資本主義の考え方に日本全体が圧倒され，本来，大切にすべきものを自ら失っていったのではないか」	父親の経営する大型旅館「東山荘」を閉め，自分の理想とする小旅館「かよう亭」を創業
1980s-1990s	「日本の宿はその地の文化紹介の場であるべきです．ホッと，人間としての我が身に甦って明日に生きる活力に溢れる，そんな宿でありたいのです．また，宿は人々の心の交わりの場でなくてはならないはず．旅人とおもてなしをする者の温かくて真摯な心が交わって知恵が深まる場でもあるのです．そして人々が無くしつつある自然と人との共存を願う良心の場でもありたい」	山中の地域の工芸や食材を「かよう亭」に取り入れることにより，地域の良さを顧客に紹介
2000s-	「宿泊は旅という行為の一過程であり，旅の目的はその街の風土，文物の魅力に感動し，人情の機敏に触れ合って満足感を得ること．だから，温泉町全体が温かく調和して比類ない豊かな個性，すなわち，その町の文化を持ち，町人全体で旅人を温かくお迎えしなくてはならない」	山中温泉の地域づくりを住民と協働することにより，山中の街づくりや次世代育成や世界発信に寄与

宿」をコンセプトにした旅館「かよう亭」を1977年に開業する。上口は「利潤を求めない」「食べていければ良い」と考え、集客のための宣伝はしなかったが、上口の理念に共感した客がリピーターとなり、「かよう亭」は繁盛した。

「かよう亭」には「旅館は地域のショーケース」と「真のアンチエイジング」の2つのコンセプトがある。「旅館は地域のショーケース」とは、地元の職人達の作品が、「かよう亭」の中に展示や使用されていることである。一方の「真のアンチエイジング」は、「かよう亭」の食材に可能な限り地元の素材が使われたヘルシーな食事を提供することである。上口は「かよう亭」を営みながら、

「豪華な建物や環境ではない、おもてなしの心、そして温かさがすべてである。山中温泉全体の繁栄があってこそ、かよう亭がある」（眞鍋、２００９）と考え、地域の要職を歴任しながら、２００２年には「かよう亭職人（未来）塾」を開設し、地域の食や工芸の保持と発展のため中心となって尽力する。

こうした上口と「かよう亭」の事例から、上口の経営者としての理念とマネジメント活動の変遷を**図３－１**のように表すことができる。まず、①現代社会に対する違和感から疑問を覚え、何か行動を起こさなければならない、といった個人の動機や使命から個人で事業を始める。次に、②事業活動を継続する中で、自分自身あるいは自分の組織での活動では限界を感じ、その関心の対象を地域や社会へと指向するようになる。さらに、③地域や社会の課題を解決するために、地元住民や関係者を巻き込み、その実践活動が社会的活動へと発展する。そして、④社会的活動を継続する過程で、その社会的活動そのものが個人の理念へと昇華される。最初の動機は自分自身の身の回りから何とかしようと個人的な考えから個人で活動を開始するが、そうした一連の活動を通じて理念の対象が社会へ拡大し、個人の理念へと進化し、利他の精神が醸成されたと考察できる。

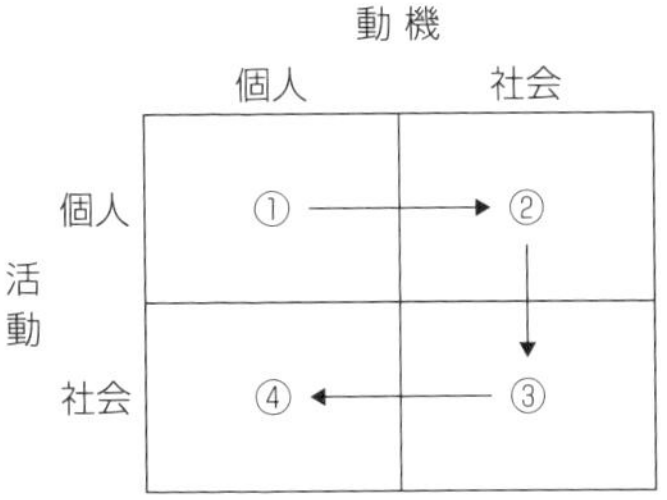

図3-1　個人的動機から社会的活動への変遷モデル

本章では、加賀温泉郷にある山中温泉の小旅館「かよう亭」とその亭主の上口昌徳の事例を通じて、旅館経営におけるおもてなしの理念とそのマネジメント活動について論じた。近年、旅館経営は利益や効率や規模を追及した結果、個性のない凡庸な宿が増え、差別化が困難となり、競争が激化している。上口の山中地域の自然や環境との共存や調和した旅館づくりといった理念を追求し、旅館に地域の産業や食材を取り入れるなど理念を具現化した結果、客にとって他とは異なる独特の旅館となった。上口の「かよう亭」の理念に共感した多くの客はリピーターとなり、また、地域において様々な要職を歴任して山中地域の活性化や社会的活動に従事し、地域の伝統を守る次世代の人材育成に尽力する上口の姿を見た地域住民にも共感され、上口の理念は一旅館「かよう亭」から山中の地域にも広がりを見せていった。

注

（1）本章の内容は、山中温泉「かよう亭」亭主の上口昌徳氏と（社）山中温泉観光協会の事務局長である井上慎也氏へ2018年3月23日に旅館「かよう亭」にて行ったインタビューを基に、真鍋［2009］や今井［2012］など関連文献や公開資料で補足した。

（2）コロナ禍前、2018年取材時の「かよう亭」の平均稼働率は約70％、海外からの宿泊客が15～20％占めていた。

4章 「おもてなし」の知識の共有とマネジメント

本章では、おもてなしの理念、および、それを体現した技能を含めた知識を、どのようにして現場の従業員に浸透させ、組織全体として一貫したおもてなしを提供するかについて論じる。おもてなしは、接客する従業員個々人の経験や勘の依存度が高く、個性を持った従業員により様々なおもてなしが提供され、それが魅力となる一方、多様な客に対してのサービス品質の維持が課題となる［中村・松本・増田、２０１３］。マニュアルは、サービスの欠陥を生じさせない機能的かつ組織的なオペレーションには効果がある。しかし、おもてなしは、客が言葉にしない暗黙的な要望を察し、個々の客や状況に応じた機敏な対応が求められるため、マニュアルのような形式知化が困難である。おもてなしをマニュアル化できたとしても、客の状況に応じた臨機応変な対応ができなくなるため、客に「おもてなし」として見なされなくなる。優れたおもてなしの知識や技能を他者に伝承する方法として、古くから徒弟制度による教育が行われてきた。例えば、京都祇園の芸舞妓は、おもてなしの技能を知識として学ぶのではなく、師匠や先輩から体で覚えることを基本としている［西尾、２００７］。一つひとつの動作でも単に自分が教えられたとおりに「する」だけでなく、師匠や先輩の様子を「見て」覚え、自分の様子を「チェック」し、そしてわからないことは「聞いて」、時には詳しく「教えてもらって」、自分で実際に「やってみる」。また改めて、手本となる人たちの様子を「見て」自分の様子を「チェック」して、わからないことを「聞いて」と、日々このサイクルを常に繰り返す。この師匠や先輩から後輩へおもてなしを伝授するプロセスは特段珍しいことではない。前章の「かよう亭」でも同じ様な知識伝達プロセスを経ていると考えられる。ただ、「かよう亭」のように従業員が亭主の上口昌徳の家族であったり、パート従業員であっても同じ山中の地で生まれ育ち、その文化と歴史を共有していたりするため、彼の理念や価値観、技能などの知識を伝達することは比較的難しくはない。それでは、様々な従業員が働く大きな組織では、おもてなしの知識をどのように共有や継承しているのであろうか。おもてなしの優劣が従業員によって生じると、組織で一貫したおもてなしを提供することは困難であるにもかかわらず、組織として一貫した優れたおもてなしを提供している事例が散見される。本章では、優れたおもてなしを組織として、どのように提供しているか、和倉温泉「加賀屋」、「黒川温泉」、「ポジティブドリームパーソンズ」の3つの事例を取り上げて、知識の共有とマネジメントの視点から考える。

1　和倉温泉「加賀屋」

「加賀屋」は、石川県七尾市和倉町の和倉温泉に位置し、明治39（1906）年、小田與吉郎が創業した100年以上続く老舗旅館である。加賀屋は、創業当時12室30名収容の旅館から始まり、現在は

写真4-1　加賀屋

（出所）「加賀屋」ホームページ.

総客室数２４６室、収容人数１４００名、年間宿泊者数22万人、年間稼働率80%を超える大規模旅館である。加賀屋は和倉温泉の地域を中心に複数のブランド旅館を経営するグループ企業でもある。加賀屋は「プロが選ぶ日本のホテル・旅館１００選」に30年以上連続1位となっており、２０１０年には台湾にも進出している。加賀屋の企業理念として、「笑顔で気働き」を掲げ、おもてなしを最高のサービス商品として位置づけ、宿泊客に最高のおもてなしを提供することを目指している。加賀屋の女将は全客室に出向きあいさつするなど、トップ自らおもてなしを実践している。加賀屋はおもてなしの優れた成功事例として様々な視点から多くの現地視察や事例研究[1]がなされている。それらの先行研究を踏まえた上で、加賀屋の事例から、組織で優れたおもてなしを提供する知識の共有とマネジメントについて検討する。

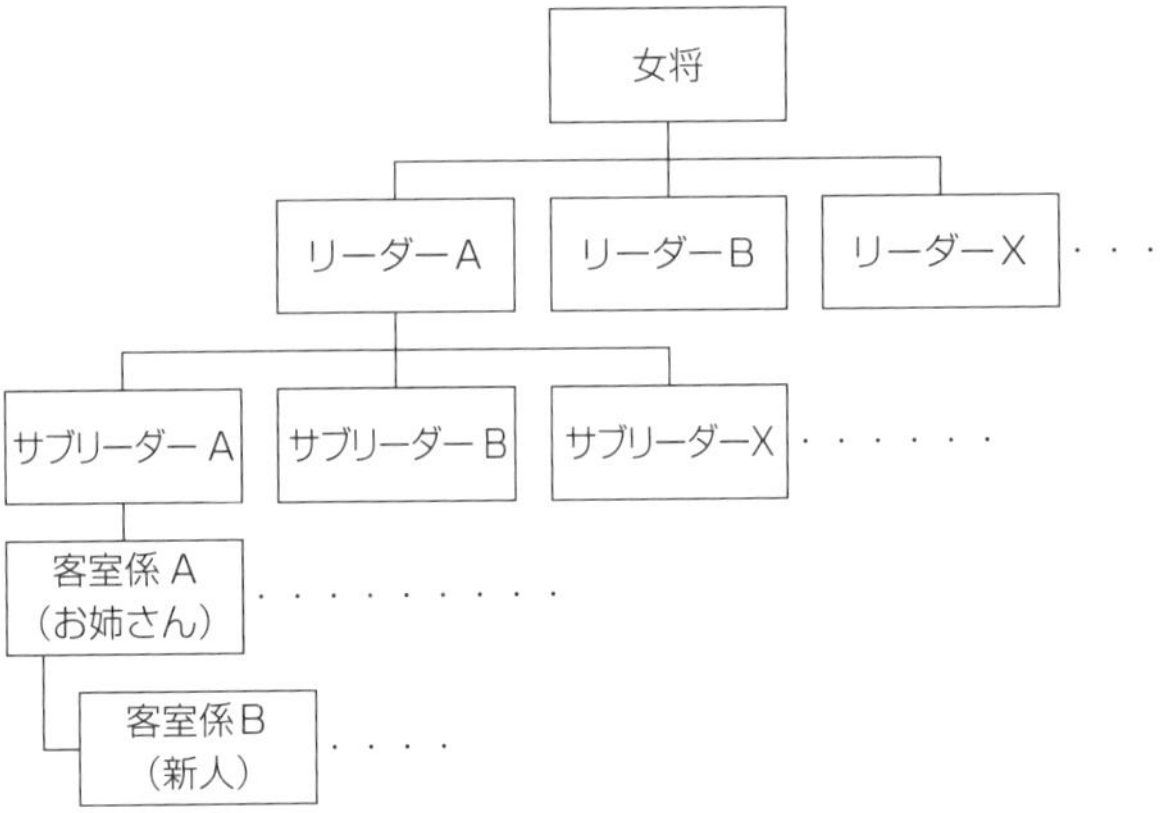

図4-1　加賀屋の客室係の組織

（1）加賀屋のおもてなしのマネジメントの特徴

従業員への教育と支援

加賀屋は従業員に対し、入社してすぐに3日間の集中講義を行い、続いて実務に関する7日間の教育プログラムを実施している。入社して業務を始める際に、しっかりとした新入社員教育が行われる。その後、「シスター&ブラザー制度」と呼ばれる、実際の業務の中で後輩が先輩に付いてOJT（On the Job Training）教育が行われる。この「シスター&ブラザー制度」では、先輩は「お姉さん（あるいは、お兄さん）」と呼ばれ、新入社員は業務の中でわからないことがあれば身近な「お姉さん」に聞いたり、相談したりする。自分を担当する「お姉さん」がいない場合は、他の「お姉さん」に相談することもできる。加賀屋では、客室などで接客を主な業務とする従業員を「客室係」と呼ぶ。客室係は5〜7人のチームで構成され、その現場のチームをサブリーダーが取りまとめる。さらにそのサブリーダーを接客業務の熟練者であるリーダーが取りまとめる。リーダーはグループ会社の旅館の各棟の客室の接客の責任者である。長年、加賀屋で培われた「おもてなしの心」は、リーダーからサブリーダーを通じて、現場の客室係に浸透される。加賀屋のOJT教育では、新人の従業員が良い働きをしたら現場で即座にほめ、加賀屋の従業員として何が良いことなのか、その感性を培う現場重視の新人教育が行われている。

加賀屋のおもてなし教育の一部では、マニュアルが活用されてれる。マニュアルは電子化され、タブレット端末で閲覧できる。電子化されているため、マニュアルの内容は日々改善、更新され、例えば、部屋での食事などが座布団から座卓中心に変化した際にも、座卓での作法が追加された。その一方で、加賀屋のおもてなしにとってマニュアル化が可能な範囲は60%だと考えている。残りの40%については、各客室係の感性に委ねられ、そのおもてなしの感性は日常の業務経験やOJT教育の中で培われる。

その他にも、加賀屋では「加賀屋ビジネススクール」と呼ばれる外部から講師を招き、経営手法を学ぶ教育も行っている。また、様々なホテルに出向いて、優れたホテルを見て情報収集を行い、加賀屋に合うように検討し、現場に応用する研修視察もある。これらは、どの企業でも行われている一般的な教育でもあるが、加賀屋では従業員が安心して客へのおもてなしに専念できる環境が整えられている点で他と異なる。例えば、従業員寮には企業内保育園「カンガルーハウス」が設置され、勤務時間中に子どもを預けることができるだけでなく、休み時間に様子を見たり、一緒に食事したりできる。また、館内に整備された自動配膳機器、他業者による客室での寝具準備のアウトソーシング（業務委託）など、おもてなしを提供する客室係の身体の疲労を防ぐために様々な支援が行われている。このように加賀屋の人材マネジメントの根底には、従業員がおもてなしに集中できるよう、ハイテクや分業など様々な工夫が活用された職場環境の整備がある。

「加賀屋客室係十二訓」と「加賀屋の流儀」

加賀屋には「加賀屋客室係十二訓」と呼ばれる接客について基本的な決まり事がある。それらは、例えば、「お客様が御着きになる前に受け持つ部屋が清潔か、臭気はないか、マッチのセットはあるか」、「玄関でのお迎えは定時に集まり、元気な声でご挨拶し、温かくお迎えする」など旅館業務の根底的なことに終始しており、特別な事ではない。この「加賀屋客室係十二訓」は小さなカードに印刷され、加賀屋の客室係全員が携帯している。日本の旅館の多くが、同じ様な内容の接客の心構えやマニュアルをつくり、接客の教育に役立てている。加賀屋のおもてなしが他と異なる点は、「毎日、顔も心も違うお客様と向き合うのに、形を定めたマニュアルはほとんど役に立ちません。私たちはお客様が玄関にお入りになった瞬間から、片時もお客様から目をそらさず、お一人お一人の行動や言葉に神経を注いで、この方に何をして差し上げたら喜んでいただけるか、そのことばかり考えています」（細井、２００６）と女将も語るように、常に客のことを考えている姿勢である。

客の期待を超えるおもてなしを、客から言われる前に個々の従業員が率先して提供することに徹底している加賀屋の精神が「加賀屋の流儀」である。加賀屋のホームページには次のように記載されている。

「加賀屋の流儀

お客様に「ノー」と言わないその正確性とホスピタリティ
お客様に「ノー」と言わないその正確性とホスピタリティはまさに加賀屋の心であり、それを実現させるために様々な企業努力を業界に先立って次々と展開してきました。

「またくるね」とお客様に満足して頂くことが私たち社員の喜びであり誇りです。

そのために「お客様の期待に応える」「正確性を追求する」「おもてなしの心で接する（ホスピタリティ）」「クレームゼロを目指す」。

このような基本理念にのっとり、お客様が求めていらっしゃることに、さりげなく応えるという加賀屋のおもてなしの心が、今日の加賀屋を築いてるのです。

加賀屋には、マニュアルはあるが、それは形式にすぎず、むしろ、一人ひとり異なる顧客に応対する際に、顧客のためにと尽くそうとする心、「加賀屋の流儀」が根底にあり、個々の従業員が優れたおもてなしを提供している。」


（出所）「加賀屋」ホームページ。

この「加賀屋の流儀」を浸透させるために、加賀屋では「フィロソフィー教育」が行われている。「フィロソフィー教育」は、加賀屋の会長である小田禎彦が、加賀屋の全従業員を同じ気持ちに向かわせるため、自らリーダーとしての思いを伝える。例えば、接客業として当たり前である挨拶について厚かましいくらいに言う。挨拶ができていない従業員を見つけると、会長はその場で即刻注意する。会長が従業員と並んで率先して宿泊客に挨拶をしている姿を従業員に見せることで、トップの熱意を従業員一人ひとりに気づかせている。挨拶の大切さを会長が実践し、継続して言い続けることで、従業員はしつこいくらいの熱意を感じ取る。こうした「加賀屋の流儀」といった会社の方向性に共感できるか、また客の要望を感じ取る感性は従業員採用の重要な要素となっており、さらに日常の業務を通じて加賀屋のおもてなしの心である「加賀屋の流儀」は従業員の中に培われてゆく。

顧客情報の収集と管理

加賀屋には「客室係からの注文はお客様の声」という言葉があり、客からの情報の収集・共有・活用のプロセスがおもてなしを支えている［野中・勝見、2012］。過去の宿泊客について、食事の好み、室温の加減、どの客室係が喜ばれたか、などを細かく情報管理し、次回の来客時に万全の体制を整える。初めての客についても予約時に、宿泊の目的、前泊地や来館する経路、食べ物の好き嫌いなど、可能な限り情報を引き出す。加賀屋では、こうした顧客の詳細な情報を全従業員がタブレット端末で共有できる環境が整っている。そうした客からの情報をもとに客室係の部屋割り担当を、客と客室係の性格、出身、旅の目的など考慮して割り振る。例えば、宴会目的の団体客には場を盛り上げる陽気なタイプを、中高年の夫婦客には落ち着いた癒し系といったように客との相性を考慮している。客室係は担当する客のためにどのようなおもてなしをするか、1日の接客対応のデザインを考える。担当の客室係を女将がチェックし、担当する客と合わなければ、その時点で担当者を入れ替える。客からの客室係担当変更の要望は、数カ月に1度と少ないが、その担当の客室係には何が問題なのか、女将は本人にフィードバックし、その根本的要因や今後の改善について本人に気づかせるように促す。人と人とのおもてなしに正解はなく、部屋割りに関しては、加賀屋の接客の3人の責任者が常にミーティングで議論しながら決めている。

加賀屋では、十分なおもてなしを行えるように、宿泊客にアンケート調査を行い、旅館側から気づきにくい客の要望を収集している〔丸山、2004〕。調査内容は様々な項目で、客室係のサービスや料理、施設などについて細かい部分まで評価をお願いしている。このアンケート結果は、苦情の実態把握とその再発防止に役立てており、満足度の平均値や満足・不満の度数を割合で比較して、分析されている。加賀屋では80％の顧客が「大変満足」の評価付けしてもらうことを目標としている。また、アンケート調査の客からのフリーコメントも重視し、ほめられたコメントは掲示し、他の従業員にも共有しており、当の従業員にとっても自信になる。一方で、悪いコメントはその本人にフィードバックし、反省と改善を促す。このアンケート結果は集計され、各会議で議論され、幹部会議でも報告される。これらの積み重ねを元に年に4回の「クレームゼロ大会」が行われている。この大会では、不満の傾向や実際に発生した苦情の例、責任者の対策方法などが説明され、参加者全員で討議を行う。一方で、顧客満足へ貢献する優れた実践事例には、CS推進賞を与えて表彰するなどの全社的な表彰制度も整備されている。

本節では、優れたおもてなしを提供する組織はどのようなマネジメントを行っているのか、おもてなしに定評のある和倉温泉「加賀屋」の事例を取り上げた。加賀屋には、「加賀屋の流儀」という伝統のおもてなしの心がトップの熱意を通じて社内に浸透し、従業員に共有されている。その加賀屋の精神である「加賀屋の流儀」のもと、それぞれの客室係が客の状況を察し、創意工夫したおもてなしを提供している。おもてなしを提供する客室係が仕事に集中できるよう、社内保育園や自動運搬システムなど様々な支援体制が整備されている。こうした理念や従業員支援のもとで、加賀屋の独自のおもてなしの知識や技能が、ＯＪＴや業務を通じて、先輩から新人へ伝えられる仕組みが機能している。また、加賀屋の客室係のマネージャーは、「私たちは日々当たり前の仕事をしているだけ。お客様により良いおもてなしをご提供できる方法があったら教えてほしい」と語っていた。謙虚に日々おもてなしを究める姿勢こそが加賀屋の強みと言えよう。

2　熊本県「黒川温泉」

黒川温泉は、熊本県阿蘇郡南小国町にあり、交通はバスや車のみとアクセスに恵まれていない立地に、30軒程のひなびた和風旅館が建ち並ぶ温泉街である。そのコンセプトは、「街全体が一つの宿、通りは廊下、旅館は客室」であり、地域の観光旅館協同組合主導で歓楽的要素や派手な看板を廃して統一的な町並みにしたことにより、落ち着いた自然の雰囲気を醸し出している。黒川温泉の歴史は古く、江戸時代には、旅人や参勤交代の大名が入浴したとされ、明治から昭和初期には、湯治場として知られるようになった。１９６４年に「やまなみハイウェイ」が開通することにより、車でのアクセスが向上し、一時的に観光客が増加するも、休日以外の客足が伸び悩んでいた。１９７０年代には、経営者の世代交代が起こり、若手経営者を中心に「黒川温泉観光旅館協同組合」主導で、露天風呂と田舎

写真4-2　黒川温泉郷と旅館
（出所）「黒川温泉観光旅館協同組合」ホームページ.

情緒を活かした、温泉街一体での再興策が打ち出された。1986年には、温泉が日帰りで3つまで楽しめる「入湯手形」の発売を開始し、客足が増えた。2000年以降、アジア諸国や欧米からの来湯者も多く、有数の人気温泉地となり、2006年には地域ブランドとして商標登録され、『ミシュラン（Michelin）』（2009年）で2つ星を獲得するまでになった。おもてなしに定評のある旅館が多い黒川温泉では、小規模な地域ながら、「じゃらん人気温泉地ランキング」において全国8位（2017年）となった。[2] 本節では、地域内に約30の旅館が営まれている黒川温泉を事例に取り上げ、地域内における旅館でのおもてなしの知識の共有、おもてなしを提供する従業員の旅館での育成などについて、その優れたおもてなしの知識の共有とマネジメントについて分析する。

(1) 黒川温泉での従業員へのおもてなしの継承

黒川温泉のある旅館の女将は「おもてなしはマニュアルっぽくなってはいけない」と考え、自宅に知り合いが訪れた時のように、客にやさしく接する昔ながらのおもてなしを大事にしている。その女将は、「マニュアルは『…ねばならない』で、良いサービスを生み出さない」とも述べ、その旅館にはマニュアルはない。従業員が、客の気持ちを先に察することにより、思いがけないおもてなしとなり、客も感動する。一方で、客が気遣いするような過度な接客ではなく、さりげないおもてなしを心がけている。そのためには客との会話から、客が何をすれば喜ぶのかを察する話術を磨くことも接客する従業員には求められる。

その旅館の従業員採用では、年配・経験者を避け、なるべく旅館勤め経験のない人を採用し、細かな接客をするために一から教える。年配・経験者だと、それまでの経験が邪魔して、その旅館独自のおもてなしが身につかないためと語る。おもてなしの教育は、人から人、すなわち、女将や先輩から新人へ「してみせて、させてみる」といったＯＪＴ教育が基本である。時には、携帯電話のビデオ機能を使い、女将が先輩の手本の動画を見せることにより、優れたおもてなしの方法を共有している。黒川温泉の旅館の多くは、接客仕事の最低限の基本は定めているが、それ以上のおもてなしについては、各従業員の得意に任せている。従業員一人ひとりの仕事ぶりは、女将が一緒に仕事をすることで、管理・監督される。

旅館仕事の難しいところは、客のペースで接客していると、仕事が絶え間なくなってしまうため、客とうまく立ち回ることも重要である。接客仕事の上手な従業員は、客と会話をしながら、配膳や作業を進めたり、客数が多い大部屋で配膳をする際には、一人の従業員が記念写真をとりつつ、別の従業員が配膳を行ったりすることもある。また、夕食時に客との話が長くなりそうな時は、デザートで場の空気を切り替える、お酒をすすめる、布団を敷くなど、場の雰囲気や状況を次の動作によって変えている。

旅館での仕事を始めて1、2カ月すると慣れがでてきて、こなれた機械的な接客になる場合がある。そうした従業員が、おもてなしを保つには、新鮮な気持ちで接客仕事を「楽しむ」ことである。例えば、かっこいい男性客との会話を楽しんだり、宿泊客の子どもと触れ合ったりするなど、毎日の仕事から、ちょっとした楽しみを見つけることも大切である。接客の仕事には正解がなく、常に考えながら、優れた実践事例は従業員間で共有し、議論を重ねながら、より良いおもてなしを見つけようと日々努めながら仕事をしている。

(2) 黒川温泉での優れたおもてなしを提供する旅館の実態

大手ネット旅行代理店の予約サイトには、黒川温泉の旅館の口コミや顧客満足度が掲載されている。口コミや顧客満足度の良好な旅館の特徴として、黒川温泉のある旅館経営者は「まじめに経営をやっている」点をあげている。顧客満足度を高めるには、荷物運び、料理、気づかいなどの一連のおもてなしが、客の期待を少し上回る必要がある。そのため、様々なおもてなしの質を高める取り組みが各旅館それぞれで行われている。例えば、ある旅館では、元キャビンアテンダントのコンサルタントと契約し、従業員はそのコンサルタントからおもてなしについて学ぶ。逆に、旅館を代表する従業員を外部の研修会に参加させ、学んだことを旅館内で他の従業員に展開している。また、最初に客と接するフロント係は、予約時の電話対応やチェックイン時の接客から気難しい客などが分かると言う。今日訪れる客はどのような客なのか、客の子どもの名前などの顧客情報もフロント係と客室係とで共有している。

黒川温泉の多くの旅館でも、客が記載するアンケートをおもてなしの向上や改善に活かしている。ある旅館のアンケートには、客が感じたコメントを書ける自由記入欄が設けられており、そこに良いおもてなしや接客の内容が記載され、担当の従業員へ伝えられる。記入される（ほめられる）従業員はいつも同じ人が多く、そのコメントとベストプラクティスが、その日に掲載された大手旅行会社のインターネットの口コミとともに、朝会で他の従業員にも共有される。一連のおもてなしは、客が良い思いをして満足して帰ってもらうためにある一方、従業員にとっても宿泊客のフィードバックは働き甲斐になる。客が従業員の働く動機を高めるとともに、従業員に気づきを与え、接客教育と同じ仕組みとなり機能している。

(3) 黒川温泉の旅館経営におけるビジネスとおもてなし

黒川温泉のある旅館経営者は「旅館経営の目的は、売上・利益増や事業拡大よりも、先祖代々の宿を受け継ぎ継続させること」と語る。黒川温泉の多くの旅館の経営目的は、ビジネスの拡大ではなく、代々引き継いできた実家の宿を子孫に受け継ぎ継続させることである。そうした旅館経営者は、おもてなしの質を落としてまで、無理に満室を目指し、集客することはない。旅館経営は、旅行代理店との提携関係や経営者の考え方もあり、売上や利益、稼働率だけで、マネジメントの業績を計ることが必ずしも適切でないこともある。ホテルなどでは、売上・利益の拡大や経営の効率化を追求した満室を目指す経営が一般的であり、そのためにホスピタリティをいかに管理するか、「ホスピタリティ・マネジメント」が経営方法論として体系化されている。必ずしも規模や売上の拡大を望まない、先祖代々の事業の継承が経営の目的とする旅館は、そうしたホテルと「良い経営」に対する考え方が異なる。黒川温泉の旅館では、おもてなしを究める、ただ素直に客に喜んで欲しい、という気持ちや思いから生じる主人であり経営者のこだわりや顧客志向の理念が女将によって様々な「おもてなし」として具現化され、実践されている。そうした温泉旅館のおもてなしのマネジメントは、商人（ビジネス）というより職人（クラフト）気質の方がより近い。手の込んだきめ細かいおもてなしには人手がかかり、旅館での仕事は長時間で厳しく、娯楽のない観光地には、質量とも十分な人材の確保が難しい。そのため、過度に集客すると、おもてなしの質を落としてしまうことを旅館の経営者や女将は危惧している。各旅館が、むやみに商業的な成功を追い求めず、黒川温泉の旅館全体が統一したコンセプトを決めて、そのコンセプトの中で、それぞれのおもてなしを愚直に追及、努力し続けた結果、客の共感を得て、黒川温泉の地域とともにそれぞれの旅館が身の丈にあった成長を遂げてきた。

(4) 黒川温泉における旅館や組合での協調活動

黒川温泉の各旅館は同じ地域の同業者で競合するライバル関係にあるものの、黒川温泉を良くしようという考えに共感した協調関係にもある。各旅館では、女将の管理のもと、同じ旅館内の接客担当者が、より優れたおもてなしを提供できるよう、時には切磋琢磨しつつ、フロント担当や接客担当者同士が精一杯のおもてなしを客に提供できるよう協力して仕事を進めている。そうした中から生まれ

表4-1　黒川温泉における旅館および組合内外での協調活動

	旅館	組合
内	・フロント係と接客係の情報共有 ・女将による接客係の教育と管理 ・接客係同士の優れたおもてなしの共有 ・「おもてなし検定」の勉強会 ・客からのアンケートのフィードバック	・「女将の会」での情報共有 ・旅館経営者同士の情報共有 ・旅館経営者間での組合役員での分担 ・温泉地全体での各種イベントの企画と実施 ・従業員表彰
外	・代表する従業員の外部研修への派遣 ・接客コンサルタントの招聘 ・「おもてなし検定」の受験 ・ネット上での口コミの分析と共有	・観光地や他の旅館・ホテルの視察 ・組合代表者の外部研修への派遣 ・コンサルタントや講師の招聘 ・経営者の学会・大会への派遣 ・組合ホームページの運営

た各旅館のおもてなしに関する優れた事例について各女将が集まって共有する「女将の会」という場が組合の中に組織されている。この「女将の会」では黒川温泉外部から、おもてなしに関する知識や情報を取集することもあり、**表4-1**のような様々な協調活動が旅館や組合の内外で行われている。例えば、旅館や組合から代表者が外部の研修に参加したり、逆におもてなしや接客のコンサルタントを組合に招いたりして、その知識を共有している。大手インターネット旅行代理店からの助言や口コミ情報を得て、改善に活かしたり、標準的なおもてなしの知識や技術を修得するために「おもてなし検定」受験の勉強会を行ったりもしている。組合では、他の地域の温泉旅館やホテルの視察、外部の研修への受講、そして、学会や大会へ参加などを通じて、おもてなしの成功事例について絶えず学習を行っている。また、宿泊客への近隣の観光案内のため、黒川温泉周辺の観光スポットへ一緒に行って意見や情報交換をする。これらの活動は、公式・非公式に限らず、活発になされており、女将は客にどうしたら喜んでもらえるのか、各旅館の様々なおもてなしの知識や情報、実践事例について「女将の会」で共有を

行い、優れた事例は自分の旅館でも応用して展開している。

組合では、こうした「女将の会」を通じて各旅館の女将が現場レベルのおもてなしについて事例や情報の共有と議論を行う一方で、各旅館の経営者は組合の各役員を担当し、黒川温泉全体としてのイベントの企画、ホームページの運営管理を行っている。これらの活動は独立しておらず、旅館における接客サービスなどの責任者である女将と旅館の経営を担う経営者が中心となり連携して、黒川温泉の同じ地域内の旅館が競合する中で、黒川温泉全体が良くなるよう、組合を通じた協調活動によるおもてなしの知識の共有とマネジメントがすすめられている。

本節では、黒川温泉の事例を通じて、地域に複数ある旅館が優れたおもてなしの知識を共有し、展開するマネジメントについて考えた。黒川温泉は小旅館が多く、従業員へのおもてなしの知識や技能は、マニュアルを使わず、現場での仕事をしながら女将から従業員へ直接伝えられる徒弟的なＯＪＴを基本としていた。また、それぞれの旅館が、優れたおもてなしを提供するために、各女将を中心に様々な創意工夫をする一方で、そうした各旅館のベストプラクティスを女将の会で共有するとともに、黒川温泉の外からも優れたおもてなしの知識を獲得する取り組みがなされている。このように黒川温泉では地域全体の発展のために、地域内の同業者である他の旅館と競合する関係にありながら、地域内外でおもてなしに関わる実践事例、知識や情報を組合という組織の場を通じて共有、展開し、協調する仕組みが機能していた。むやみに売り上げや利益、事業の拡大を目指さず、粘り強く日々おもてなしを高めようとする旅館同士が地域の発展のため協力し合うことにより、黒川温泉は発展していった。

3　ポジティブドリームパーソンズ

株式会社ポジティブドリームパーソンズ(3)は、1997年に創業した、ホテル、レストラン、ウェディング、バンケット、フラワー、コンサルティング事業を展開するグループ企業である。直営店は第一号の長崎をはじめ、東京、福岡、広島、神奈川、そして、韓国のソウルなど海外へも進出している。『ミシュランガイド東京・横浜・湘南』(2014年)のホテル部門では、神奈川県葉山町の直営ホテル「SCAPES THE SUITE」が、最上級の快適さを示す評価「4レッドパビリオン」を連続受賞している他、様々な賞を受賞している。ポジティブドリームパーソンズは、ただ客に注文されたサービスを提供するのではなく、客の心を動かす「ことづくり」を目指している。客が感動するノウハウを高いレベルで標準化することにより、高品質のサービスの再現性を高めている。そのため、感動を偶発的でなく、客の求める要望を正確に把握し、その計画に沿った一日を演出する事で、客の感動を必然的に常に高い確率で再現する「方程式」を導き出し、仕組み化しようとする。例えば、結婚式の終盤で照明が落とされ、切ない音楽が流れて、新婦が両親に手紙を読むと、多くの両親、特に父親は感動して涙を流す姿が見られる。そうした数々の経験から、ポジティブドリームパーソンズでは、客が感動する要因を探し出し、演出する。そうして式の流れの中で、高い確率で感動を常に創り出し、おもてなしをサービスとして客に提供している。多くの日本のサービス産業では、客に満足してもらいたい、という気持ちのもとでおもてなしを提供しているが、その再現性においては、属人的な技能、経験や勘など暗黙知のままに留まっている。ポジティブドリームパーソンズでは、客の感動を分析し、高い確率で再現する一定の法則を導き出し、仕組み化するだけでなく、客の感動を様々な細かい項目に指標化したアンケート調査を実施し、定量的な評価によって事業ごとに改善を加えている。

（1） ポジティブドリームパーソンズの「感動の技術化プロジェクト」

ポジティブドリームパーソンズは、客の感動を科学的に分析し、その仕組みを構築するため、２００９年に若手幹部をリーダーとする「感動の技術化プロジェクト」のチームを組織した［杉元、２０１６］。このプロジェクトのテーマは、客の感動を偶発的なものから必然的にする「感動の技術化」である。これまでの業務経験から、客の感動にはある一定のパターンが認められ、これを科学的に再現できるはずと思ったことが契機である。感動を理論として「見える化」し、通常業務に仕組みとして落とし込むことをプロジェクトチームの目的とした。この「感動の技術化」の考え方を社内において理解と浸透を図る役割は、ポジティブドリームパーソンズの経営チームを中心に進めた。経営チームのマネージャーが自分自身の言葉で「感動の技術化」を部下や外部の人に説明できるまで、プロジェクトのリーダーが経営チームに説明し、質疑応答する会議を何度も開催し、プロジェクトチームと経営チームがお互い疑問や誤解がなくなるまで徹底的に行った。その後で経営チームは、全国の各拠点のメンバーに「感動の技術化」について話し、社内に対して自分の言葉で発信を始めた。これまでの各店ごとに仕事が進められている点もあったが、全社としての仕事の方法を整える方向にマネジメントを変え、客の感動は、ただ一所懸命働けばよいのではなく、理論に従い科学的に再現する「感動の技術化」という考えを社内で浸透させた。

「感動の技術化」は、〝記憶〟、〝曲線〟、〝連鎖〟の3要素で構成されている〔杉元、2016〕。〝記憶〟のプロセスでは、客の過去の感情を伴った思い出（記憶）や、本人でも言葉で表現や認識できない真意を引き出すことである。おもてなしを通じて客が心を動かす曲線、例えば、山の部分は幸せなイメージ、谷の部分は感傷に浸るイメージと想定し、この山と谷で感情の起伏を持たせることにより、感情の振れ幅が大きくなり、感動も大きくなる。〝曲線〟は、客の記憶を基に感動を、さらに魅力・需要・歓喜・覚醒・感傷の5種類に分類、配置しながら、「感動」の起伏を描くプロセスである。この感動の起伏を、特に〝歓喜〟と〝感傷〟をうまく調整しながら、感動に強弱をつけて盛り上げるようにデザインする。ポジティブドリームパーソンズの各チームでは、様々な視点から感動の曲線に対する議論を繰り返し、より洗練された感動にする。〝連鎖〟は、記憶と曲線でつくった設計図をより効果的に再現するプロセスで、音や光、香りなどを利用し、感動の曲線を大きくする。こうしたシナリオに沿って揺さぶられる感情に、様々な所作や五感を訴える刺激として効果を加え、その場の客の感情をコントロールする。例えば、BGMの音量、照明の明るさ、料理を運ぶサービス従業員の歩くスピード、その表情など全てを含めて客の感動を連鎖させる。この3つのプロセスを組み合わせることにより、客が感動する確率を高められる(4)。

こうした「感動の技術化」の仕組みを文書化した「感動のデザインブック」が、ポジティブドリームパーソンズの事業部毎に用意されている。「感動のデザインブック」には、「感動」のシナリオづくりのために抑えるべき手続きとチェックポイントが詳細に記載されている。すなわち、客の感動の曲線を描けるよう、①理解と共感、②一体感の演出、③感傷、④山を描く、といった「4つの鉄板ルール」に基づき、式の演出を考案するポイントが網羅されている［杉元、2016］。「感動のデザインブック」は、全従業員が、同じ言葉を使って、同じベースに立って「感動の技術化」を実行するためのマニュアルであり、自らの行動を確認する資料でもある。「感動のデザインブック」は、考え方がぶれないための基本の土台であり、それに肉付けするのは、各従業員の経験である。マニュアルに記載されたノウハウを確実にするために繰り返し、経験するトレーニングとしてのロールプレイを行い、実践での完成度を高めている。

(2) ポジティブドリームパーソンズの「ヒヤリングシート」

「感動の技術化」における〝記憶〟のプロセスでは、客の記憶をより確実に、具体的に引き出すため、客とコミュニケーションをとりながら、掘り下げてヒヤリングする。従来、ブライダル業において、客から聞き出す仕事はベテランのプランナーの役割だったが、ポジティブドリームパーソンズでは、聞き出す項目を定型化して、客へのヒヤリングを誰でも活用できるように仕組み化した。このヒヤリングシートは、「感動の技術化」の仕組みづくりの代表例であり、〝記憶〟の抽出プロセスに際して、この「ヒヤリングシート」に沿って聞き出して行けば、「曲線を描く」ために必要な聞くべき事柄を漏れなく埋められるようになっている［杉元、2016］。

「ヒヤリングシート」は、時系列での新郎新婦の出来事から、それぞれの家族のこと、幼少期のこと、学生時代のこと、仕事のことなど、細大漏らさず聞き出せるように構成されている。客自身が忘れている出来事もあり、それを掘り起こすことで、より振れ幅の大きな曲線が描ける。ヒヤリングの際には、客の記憶を抽出しようとする意識がプランナーにとって重要である。式の場をどのようにコーディネートするかを30分程度で、曲線を描いて落とし込むように計画する。

「ヒヤリングシート」は、成約時に客に渡し書いてもらうものと、プランナーがヒヤリングして書くものの2種類あり、事業部によっても異なる。煩雑な「ヒヤリングシート」では、使う側が負担となるため、簡素でわかりやすくしている。まず、プランナーに使ってもらい、フィードバックを受け、より使いやすい「ヒヤリングシート」へ改良を続けている。「ヒヤリングシート」があるにもかかわらず、客からうまく言葉を引き出すための語彙力や表現、客が話しやすい場の雰囲気を作り出す力など、経験のないプランナーには難しい技能も求められる。ポジティブドリームパーソンズは、常に試行錯誤を重ねながら、よりヒヤリング成果のあがる「ヒヤリングシート」や方法を考え、仕組みを整えようと努めている。

この「ヒヤリングシート」で客から聞き出した情報をもとに、メンバーの打ち合わせが行われる。ポイントとなりそうな記憶を抽出し、意見を出し合いながら、具体的に曲線と連鎖を「ディレクションシート」に書き出す。その〝曲線〟が描かれた大きな模造紙を、ホテルのレストランのバックヤードの壁などに掲示し、情報の共有と現場での「見える化」を行っている。例えば、予約時はレストランで食事という予定になっていたけれども、客が急に予定を変更し、外で食事をすることになった場合、「サプライズケーキを出すタイミングの曲線がなくなる」といったような付箋を貼り、メンバーの誰もがわかるように注意書きを加え、現場での即時変更の情報を全員で共有する［杉元、２０１６］。

現場のリーダーが、客の情報を受け、メンバーと共有し、即座に指示を出す。各メンバーには、それぞれ蓄積されたスキルと実践経験があるので、状況に応じて素早い判断と行動ができる。

(3) ポジティブドリームパーソンズの「感動の技術化コンテスト」

「感動の技術化」の実践の成果を発表し、他の従業員と共有する「感動の技術化コンテスト」をポジティブドリームパーソンズの社内で毎年行っている〔杉元，2016〕。コンテストには、各回の題目があり、例えば、「まだ見ぬ顧客情報をもとに、あなたならどうする?」や「この1年のマイベスト案件」といったテーマでプレゼンテーションを行う。審査は、「どのメンバーがいつ何をしかけたか」、すなわち、客の記憶をどのように抽出し、それを基にどのような曲線を描き、どのように連鎖させたか、といった「感動の技術化」の応用が評価される。コンテストは、提出されたエントリーシートの中から事前に審査され、優秀作の提出者のみがコンテスト本審査に進む。「感動の技術化コンテスト」の受賞者は、優れた技術を持っていることが多い。他の従業員が、その受賞者たちのレベルに追いつくのは難しいとしても、その70%のレベルに全員が達するよう、技術を標準化する。ポジティブドリームパーソンズには「スーパースターはいらない」という考え方がある。「スーパースター」と呼ばれる従業員個人の能力に頼るのではなく、その能力を高い水準の模範としながら、組織的な再現性を高めることを目指している。優秀な従業員がもたらす感動を仕組み化し、組織全体のレベルを上げ、個人の力を組織の力に昇華させている。ポジティブドリームパーソンズでは、こうして感動をもたらす高いレベルのサービスをノウハウとして全社で共有している。客が感動するおもてなしを技術にすべく、文章やフォーマットにすることで、組織の知識として組織全体で保有している。

ポジティブドリームパーソンズは、客に感動を与えるおもてなしを仕組み化している点に特徴がある。客が明示しない要望を察し、場や状況に応じて臨機応変に対応するおもてなしは、マニュアル化された単純なサービスと異なり、標準化や形式知化が難しい。ポジティブドリームパーソンズでは、属人的で再現性に乏しく、組織的な技能の移転や知識のマネジメントが難しいと考えられているおもてなしにもサービスのように標準化しようと試みている。優れた従業員のおもてなしを分析し、一般の従業員がある程度まで、その優れたおもてなしを再現する仕組みを構築することで、ポジティブドリームパーソンズ組織全体としておもてなしを提供することを可能にした。こうした客に感動を与える暗黙知を分析、標準化し、成功パターンとして形式知にして「どういう場面で何をすると、客が喜ぶ」という成功例をデータベースに蓄積している。おもてなしの科学的な分析と標準化により、ポジティブドリームパーソンズの従業員の誰もが一定レベルの優れたおもてなしを提供できるようになり、顧客満足を価値が高めることに成功した。さらに優れたおもてなしを組織で提供しようと、ポジティブドリームパーソンズでは、その仕組みを常に改善と修正を日々重ねている。

4　継承される「おもてなし」

本章では、マニュアルなど形式知化困難なおもてなしの知識を上手くマネジメントし、組織全体で優れたおもてなしを客に提供している事例として、加賀屋、黒川温泉、ポジティブドリームパーソンズを取り上げた。おもてなしには、個々の従業員の接客の質の高さのみならず、客一人ひとりの事情や状況、興味などを察知する心配りが接客する従業員に求められる。その心配りを身に着ける従業員教育として、例えば加賀屋では、入社研修とＯＪＴの中で、加賀屋独自のおもてなしを先輩から後輩へと知識や技能が継承され、さらに現場体験により個々の従業員の中に内在化させて行く。個々の従業員の中で内在化された「加賀屋の流儀」を実践する対象は、様々な個々の客であるため臨機応変な対応が必要であり、客室係は客のニーズを察知する観察力を高めるよう日々努めている。加賀屋のみならず、黒川温泉やポジティブドリームパーソンズでも、現場で得た情報や接客経験から、従業員が客に提供したいおもてなしを、その従業員だけのものにせず、女将のような組織でおもてなしの知識をマネジメントするリーダーに情報を集め、リーダーが判断し、他の客にあったおもてなしやサービスに応用し、他の従業員や他の旅館の女将と共有する仕組みが構築されている。客の意見を聞き、改善するためのアンケート調査や会議など、従業員の個々が持っている知識や情報の共有の場を通じて、実践へと展開する職場環境が整えられている。

また、従来の知識マネジメントの体系理論の分野では、野中・竹内［１９９６］が提示したＳＥＣＩモデルが有名である。ＳＥＣＩモデルは、共同化（Socialization）→表出化（Externalization）→連結化（Combination）→内面化（Internalization）といった4つの循環プロセスから構成され、話し言葉、書物や文書など言語化や記号化された「形式知」と言語化困難な経験や勘などの「暗黙知」の相互作用から新しい知識の創造を体系化した理論である。経験や勘など暗黙知に大いに依存するおもてなしは、形式知と暗黙知の交互作用を前提とするＳＥＣＩモデルの適用は難しい。そこで本節では、本章の3事例を踏まえ、組織におけるおもてなしの知識の共有とマネジメントの体系化を試みる。

(1) おもてなしの個人から個人への伝授

おもてなしの知識や技能の伝承において、知識マネジメントのSECIモデル〔野中・竹内、1996〕のプロセスでは、人と人とが同じ場で直接の交流や対話により、一体となり伝達する「共同化」が重要となる。暗黙知が基となるおもてなしは、その知識や技能の伝え手が、受け手と同じ場を共有し、その体の動き・表情・態度・身振り・その場の雰囲気など受け手が見たり、感じたりすることで、形式知の背後にある暗黙知まで伝えようとする。この暗黙知の個人から個人への伝授について吉田〔2014〕は「探求と学習のサイクル」を用いて説明している。「探求と学習のサイクル」は、「現実の問題」―「モデル」―「比較」を繰り返す学習サイクルにより「解」を導き出し、それを実践するプロセスである。この「探求と学習のサイクル」〔吉田、2014〕を、おもてなしの伝達プロセスに適用すると次のように考えられる。先述の加賀屋の例では、新人客室係は、新人研修後に、先輩客室係である「お姉さん(お兄さん)」について、先輩から新人へ「(先輩が)して、(新人に)みせて、(新人に)やらせて、(先輩が)みる」といった徒弟的な人材育成方法を基本としている。新人を教える先輩は個々に様々な性格や技量を持ち、例えば、きめ細やかな接客を得意とする者もいれば、客との会話が上手い者、手際良い仕事が評判の者など、各人がそれぞれの得意を把握して、その個性にあったおもてなしを提供している。新人は、それぞれ複数の先輩に一定期間ついて仕事をすることで、いくつかのおもてなしのスタイル(型)を学習する。先輩たちの各長所を比べることにより、新人自身がどのようなおもてなしを提供するか、自分自身の長所を踏まえた上で、自分なりのおもてなしを見出し、客へ実践する。さらに、新人は客から自分自身のおもてなしについて意見や感想を聞き、新たな課題を見出す。こうした図4－2のような「おもてなしの知識と技能の探求と学習サイクル」が、それぞれの従業員において繰り返される。

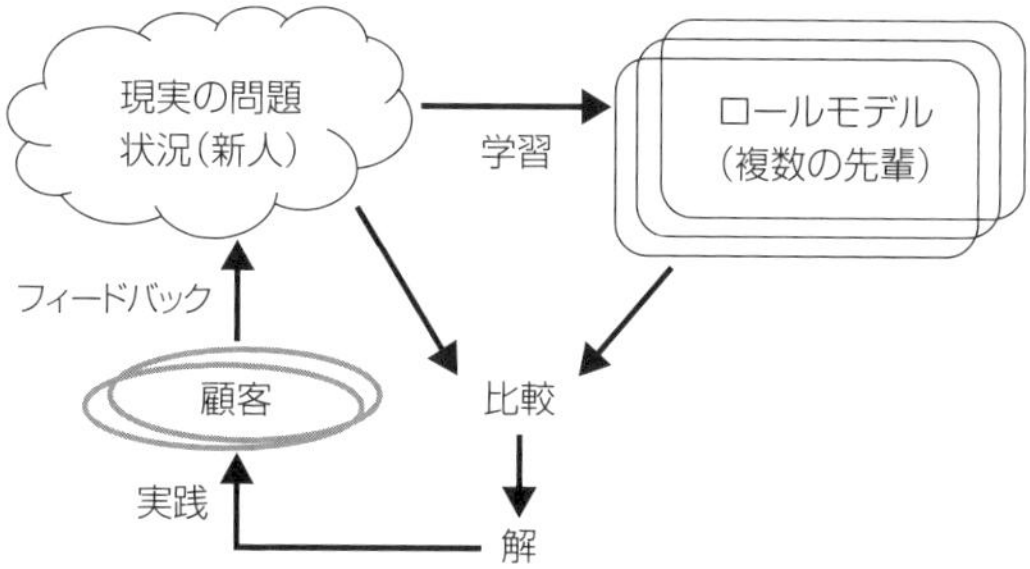

図4-2　おもてなしの知識と技能の探求と学習サイクル
（出所）吉田（2014）より筆者加筆.

この「おもてなしの知識と技能の探求と学習サイクル」において、自分は未熟であるという「現実の問題や状況」を謙虚に認識した新人は、様々なスタイルのおもてなしを提供する先輩という複数の「（ロール）モデル」から「学習」する。それらのモデルや自分自身のと「比較」することにより、自分自身のおもてなしという「解」を求め、それを客に対し「実践」して、客から「フィードバック」をもらう。このサイクルを繰り返すことにより、新人はおもてなしに関する知識や問題を解決する方法などについても学習し、業務に熟達して行く。さらに、経験から知識を得て、その知識を活かし、新たな経験を生み出し、新しい知識を得るサイクルが連綿と続けられる。おもてなしは、客との関係の中で都度、その場の文脈を読みとり、最善最適の判断を行い、実践されなければならない。加賀屋の例では、おもてなしの型や技の基本作法を先輩から学びながら、「加賀屋の流儀」を理解、共感した各客室係がそれぞれの創意工夫で客との状況や文脈の変化に対応し、自身の接客の表現方法を合わせて行くことで、加賀屋特有の優れたおもてなしとなる。こうしたいくつもの個人から個人への知識の伝授が組織的に仕組みとして行われ、その組織の伝統的なおもてなしが維持、改善される。その実践過程において新しいおもてなしの知識が創出され、再び組織全体的に共有されることにより、競合他社には模倣困難なおもてなしの知識となる。

(2) 組織におけるおもてなしの知識のマネジメントモデル

上述のおもてなしの知識を個人から個人への伝授を基にして、次のような組織全体への浸透が考えられる。まず、多くの旅館の創業者や経営者には「お客様に喜ばれるおもてなしをしたい」といった顧客志向の理念があり、その旅館（組織）の理念となる。その旅館の理念を、女将が具体的なサービスの「型（モデル）」、すなわち「おもてなし」として具現化する。女将によって具現化されたおもてなしは、女将自身により旅館内の従業員に伝授される。旅館内の従業員に伝授されたおもてなしは、個々の従業員によって客に対して実践される。おもてなしを受けた客は、そのおもてなしについて何らかの従業員へフィードバックをすることがある。この客のフィードバックは、従業員へ直に言われることもあれば、アンケートや女将、精算時のフロントなど第三者を通じて間接的に伝えられることもある。また、従業員は、おもてなしのフィードバックを客の暗示的な仕草や言動、反応によって感じとることもある。おもてなしに対する客からのフィードバックは、旅館内の他の従業員や女将、時に経営者にも共有される。その共有の場で、現在のおもてなしをどう改善すべきか、旅館内で議論がなさ

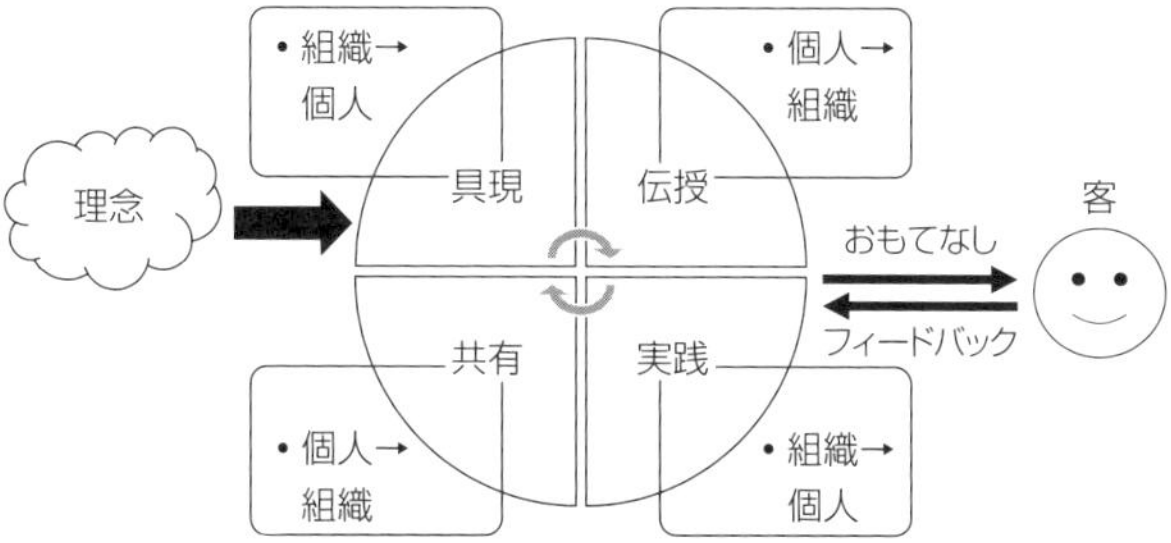

図4-3　おもてなしの知識のマネジメントモデル

れる。その議論を踏まえ、女将は旅館でのおもてなしを改善し、そのおもてなしを旅館内の各従業員に伝える。このような、より優れたおもてなしを従業員や客とともに再び伝授と創造を繰り返すサイクルが連綿と続けられる。この女将が顧客志向の理念をサービスとして具現化した「おもてなし」を従業員に伝授し、客のフィードバックを得ることにより、さらに優れたおもてなしが創出される実態を図4－3のように表現できる。このモデルは、よりよい宿泊経験を客にしてもらいたいと思う女将と従業員が、こうした循環過程を通じて客との交互作用によって、より洗練されたおもてなしを共に創ろうと日々努力する姿を表している。

(3)　組織を超えたおもてなしの知識共有の3つのアプローチ

上述の「おもてなしの知識のマネジメントモデル」は、従業員同士で顔と名前、性格を知り尽くした小さな組織では有効に機能する。加賀屋やポジティブドリームパーソンズのように勤務地の異なる数百人規模の大組織、あるいは黒川温泉のように30程の旅館が独立して存在する組織において、どのように理念を含めたおもてなしの知識を共有すれば良いのであろうか。加賀屋、黒川温泉、ポジティブドリームパ

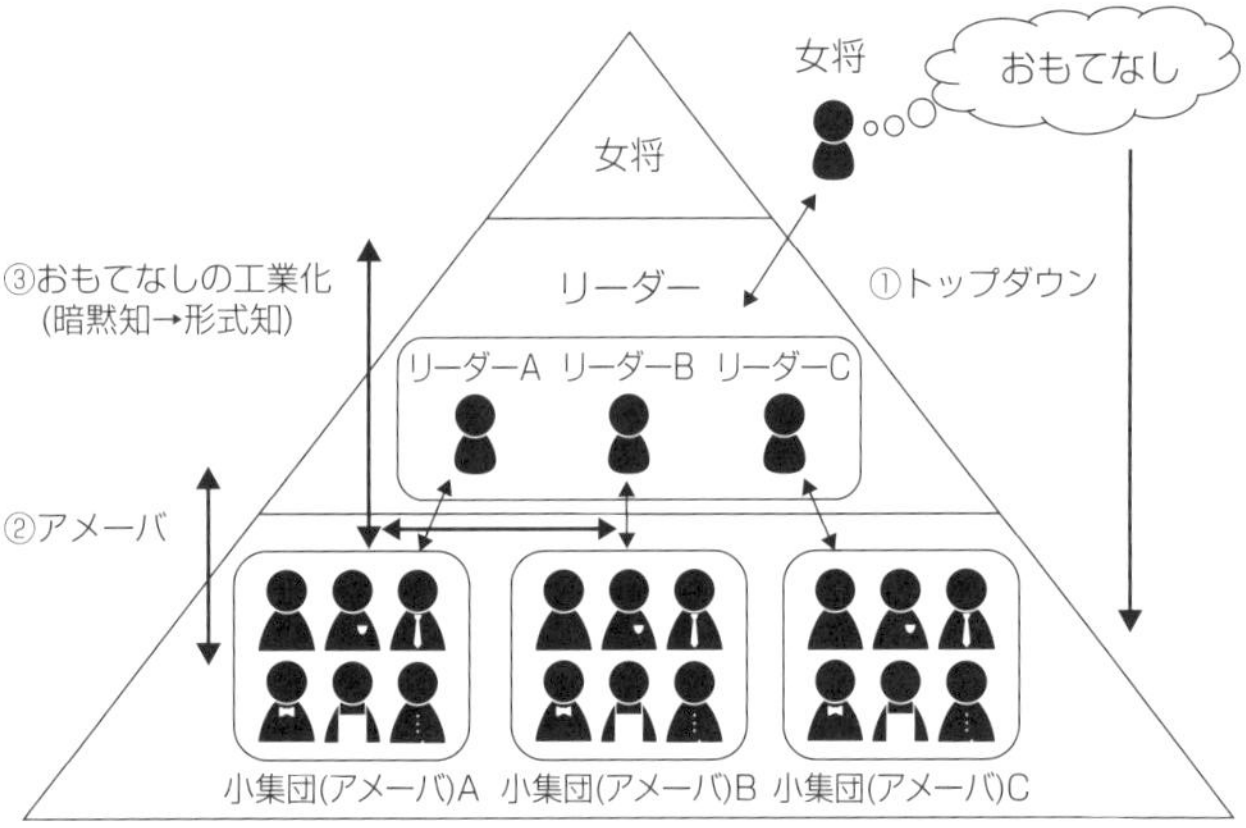

図4-4　組織におけるおもてなしの知識共有の３つのアプローチ

ーソンズの事例を参考に、従業員が多い大組織、地理的に離れた組織、独立した組織などでおもてなしの知識を従業員に共有、浸透させる方法として、図４－４のような「トップダウン」、「アメーバ」、「おもてなしの工業化」による3つのアプローチを提示する。

おもてなしの「トップダウン」による展開について、女将らは、これまで代々受け継がれてきた「客に喜んでもらいたい」といった旅館（組織）の理念、あるいは、「おもてなし」の知識や技能を接客担当のリーダーへ共に働きながら伝授する。同様に、女将から伝授された「おもてなし」を習得したリーダーも、現場で従業員と一緒に働きながら伝授する。こうして女将が具現化した「おもてなし」を徒弟的なＯＪＴ教育によって身につけた従業員が一人、また一人と増えることによって、組織全体として優れたおもてなしの知識が浸透する。ただし、トップダウンによるおもてなしの知識と技能の展開は、組織構造によって様々である。例えば、黒川温泉地域の小旅館や「ポジティブドリームパーソンズ」の各拠点では、女将やリーダーから各従業員へ知識や技能が直に伝授される一方、「加賀屋」のような大旅館では、女将から若女将へ、さらに、若女将からリーダーへ、リーダーからサブリーダー、サブリーダーから現場の従業員へ、おもてなしの知識や技能が階層的に伝授されるように、複雑な多層構造組織に合わせた展開方法がとられている。

「アメーバ」によるおもてなしの展開は、それぞれ独立した小集団（組織）であるアメーバ［稲盛、2010］が切磋琢磨し、おもてなしを高める努力の結果に生まれたベストプラクティス（成功事例）を、そのアメーバの代表者が、他の小集団との知識共有の場に集い、お互いのベストプラクティスに関する情報交換を行い、活用できそうな事例は自分の小集団に持ち帰り、自分の組織の状況に合わせて実践する。例えば、「加賀屋」では、各客室係の体験や客からのフィードバックは、各グループ内の朝会やリーダーとの報告・連絡・相談を通じて共有される。その中でも上位の組織で共有すべき知識や情報は、リーダー間でのミーティングで共有されている。最終的に報告を受けた女将やマネージャーは、全社的な改善のための対策を検討することになる。「黒川温泉」では、独立した各旅館が女将をメディエィター（仲介者）として、おもてなしに関わる知識の共有を行っている。各旅館ではそれぞれに創意工夫したおもてなしを実践し、そうした情報や知識は、各旅館の女将が集まる「女将の会」の場で、公式・非公式、定期・不定期に関わらず積極的に共有されている。他の旅館のベストプラクティスを学んだ女将は、自身の旅館で応用して実践する。そうした各旅館のベストプラクティスの知識の共有と実践が連綿と繰り返されることにより、黒川温泉地域全体で優れたおもてなしを組織的に提供可能になる。「ポジティブドリームパーソンズ」でも、それぞれのリーダーが集まる会議や全社的なベストプラクティス大会などの場を通じて知識が共有され、自分の組織にもどり展開される。

「おもてなしの工業化」とは、サービスの工業化[5]のように従業員の誰もが同じレベルでサービスを提供できるようにするため、マニュアルなどにより仕事を完全に標準化するまでは難しいものの、優れた従業員の知識や技能を分析し、ほとんどの従業員が実践可能な一定レベルまで標準化し、組織で展開するアプローチである。「ポジティブドリームパーソンズ」では、優れた従業員の知識や技能を分析し、他の従業員が再現可能な程度まで標準化し、組織内に展開している。さらに、その自らの組織で実践を重ねることにより、その組織独自の知識として定着させている。また、「加賀屋」では、優れたおもてなしの例を基本としたマニュアル化を推進し、タブレット端末を通じて、全客室係と共有し、その実践を通じて各客室係の知識として身につくようにしている。「黒川温泉」でも、各旅館のベストプラクティス、客の声、近隣の観光スポットや飲食店などの知識や情報を組合内の「女将の会」を通じて共有し、その一部を組合のホームページに掲載するなど、知識や情報を1つの旅館で独占するのではなく、地域の全旅館で共有、展開している。このように、ある小集団で生まれたベストプラクティスを分析し、一定レベルで形式知化することにより、知識の移転と展開が可能となり、他の小集団でも活用、実践され、今度はその小集団独自の知識として定着し、延いては組織全体の知識となる。

本章では、加賀屋、黒川温泉、ポジティブドリームパーソンズのおもてなしの知識の共有とマネジメントの事例を概観した。優れたおもてなしを提供する組織では、新人従業員が経験者である先輩従業員や女将について一緒に仕事をしながら、おもてなしの知識や技能を習得するＯＪＴを主とした個人から個人への伝授を基本としている。また、組織内において、顧客志向の理念を女将が「おもてなし」へと具現化し、そのおもてなしを女将自身が現場の従業員と一緒に働くことにより伝授し、その従業員が客におもてなしを実践し、客から受けたフィードバックを組織内で共有し、新たなおもてなしが改善、創出されるマネジメントプロセスが機能していた。従業員が多い大組織、地理的に離れた組織、独立した組織間などにおいて、おもてなしの知識は、トップダウン、アメーバ、おもてなしの工業化の3つのアプローチによって共有とマネジメントをしていることを見出した。

これまでの章では、おもてなしを提供する対象の客は、同じ日本の文化や慣習を共有する日本人を想定していた。文化や慣習の異なる外国人客に対して、どのようにおもてなしを提供すべきであろうか。次章の「おもてなしの異文化のマネジメント」で、訪日外国人観光客へのおもてなしのあり方とそのマネジメントについて考察する。

注

(1) 「加賀屋」現地でのインタビューを2016年12月19日に(株)加賀屋の経営総務室総務人事部企画部の部長である杉森淳二氏と客室部シニアマネージャーの楠峰子氏へ行った。

(2) 黒川温泉でのインタビューは、黒川温泉観光旅館協同組合にて2015年12月7日に組合の企画・外渉担当理事で旅館経営者の下城誉裕氏と女将2人へ行った。

(3) 株式会社ポジティブドリームパーソンズは2021年6月にホテルマネージメントインターナショナル株式会社と資本及び業務提携を行い、経営者が変わった。本章の「ポジティブドリームパーソンズ」の内容は、2016年3月19日にグロービス経営大学院 福岡校で開催された創業者である杉元崇将氏の特別セミナー「感動のメカニズムを分解し、再現可能な『仕組み』にする」をもとに、杉元［2016］で補足した当時のものである。

（4） この「感動の技術化」という理論や考え方をより科学的な視点から実証するために、実際の結婚式で顧客に心電図計を式本番につけてもらい、式のはじめから終わりまで心電図の動きを計測するなどの大学と共同研究を行い、説得力を高めている［杉元、２０１６］。

（5） サービスの工業化とは、マニュアルなどサービス提供手順を明確にし、その合理化によってそれぞれの提供者（従業員）の行動を均質に保つことである［伊藤・高室、２０１０］。

5章 おもてなしの異文化のマネジメント

新型コロナウイルスの影響により、日本を訪れる訪日外国人観光客（以下、「外国人客」）数が、2020年412万人、2021年25万人と激減したものの、それまで2013年に1000万人を超え、2018年には3188万人と急増していた[1]。新型コロナウイルスの収束後には、外国人客の訪日が再び戻り、さらなる増加が期待される。一方、外国人客を受け入れる側の旅館の課題が指摘されていた。日本政策金融公庫総合研究所（2017）が実施した「インバウンドの受入れに関するアンケート[2]」によると、外国語に対応していないホームページは88・8％、外国人客を「積極的に受け入れ」が17・1％、「受け入れてもよい」が47・7％、「できれば受け入れたくない」が35・2％であり、外国人客の受け入れに積極的とは言い難い。その理由として、「言葉が通じない」（66・7％）、「受け入れ方がわからない」（24・3％）である。一方の外国人客のサービス・接遇での不満として、「日本人と交流ができなかった」、「無視されていると感じた」など、外国語が苦手な語学力と内気な国民性による外国人への外国語でのコミュニケーションの対応が課題となっている（JTB編、2018）。これまでの旅館は、主に日本人客相手におもてなしを提供していたが、今後は文化の異なる外国人客を受け入れ、彼（女）らへのおもてなしをどう提供すべきかについて考えなければならない。外国人客を受け入れるための方策については、経験豊かな実務家を中心にいくつか提示されている。例えば、インターネットの予約環境の整備、英語をはじめとした外国語対応、空室管理などホームページの充実があげられている〔月刊旅館ホテル編、2016a〕。他にも、訪日ラボ（2019）では、①無料Wi‐Fi、②多言語接客の工夫、③ブログやSNS（ソーシャル・ネットワーク・サービス）などでの情報発信、④多言語のホームページ、⑤宿食分離のプランや食事メニューのバリエーション、などあげている。(3)

学術分野においても、2018年度日本観光研究学会総会シンポジウムのテーマとして「インバウンドに観光研究はどう向き合うべきか」が議論され、その学術研究が散見されるようになった。外国人観光客を対象とした実証研究として、宿泊業の顧客満足の影響要因〔森川、2001〕、宿泊施設経営と外国人旅行者行動〔鈴木・中村・池田ら、2010〕、宿泊者の口コミ分析〔石橋、2012〕、訪日中国人観光客の満足度の要因〔田・加藤、2016〕や再来訪を促す方策〔盧・山口、2012〕、アジア諸国からの訪日観光客の現状分析〔安藤、2017〕など散見される。一方、宿泊業界においては、外国人客受入れの先進的な工夫や取り組みが、様々な旅館やホテルで実践されている。本章では、まず、外国人客への対応で優れた実践や取り組みをしているホテルや旅館の事例について業界誌のメタ分析を行い、その特徴を整理する。次に外国人客から高い評価を得ている「山城屋」、「澤の屋」、「富士箱根ゲストハウス」、「宿坊対馬西山寺」、「京町家　楽遊　堀川五条」、「白保フレンドハウス」を事例にとりあげ、外国人客が満足、感動するおもてなしやサービスを見出すべく、それらの公開資料による十分な事前調査を行った上で、それぞれの宿の主人や女将、オーナーやマネージャーたちへインタビューを実施した。こうした外国人客が満足する宿の先進的な先行事例のレビュー、現地調査やインタビューの結果を総括し、異なる文化の外国人客へのおもてなしについて検討する。

1　外国人客に定評のある旅館・ホテルの取り組み

日本の宿泊業における訪日外国人観光客の対応について優れた実践事例が業界誌等に紹介されているが、それらの多くは単独、あるいは数軒の事例紹介にとどまっている。本節では、日本の宿泊業の代表的な業界誌から、外国人客への対応について優れた事例として紹介された24軒のホテルや旅館を選び、横断的に分析することで、その共通する特徴を導き出す。その24軒とは、「京都茶の宿七十七」（月刊産業レジャー資料編、２０１６ａ）、「白馬八方温泉ホテル五龍館」（月刊産業レジャー資料編、２０１６ｂ）、「リッチモンドホテル　プレミア浅草インターナショナル」（月刊ホテル旅館編、２０１６ｂ）、「白馬丸金旅館」（月刊ホテル旅館編、２０１６ｃ）、「ホテルＪＡＬシティ羽田東京ウエストウイング」（月刊ホテル旅館編、２０１６ｅ）、「ON THE MARKS KAWASAKI」（月刊ホテル旅館編、２０１８ｂ）、「芝パークホテル１５１」（月刊ホテル旅館編、２０１７ｂ）、「グランドプリンスホテル高輪」（月刊ホテル旅館編、２０１７ｃ）、「からくさスプリングホテル」（月刊ホテル旅館編、２０１６ｆ）、「FP HOTELS 難波南」（月刊ホテル旅館編、２０１７ｅ）、「サクラホテル日暮里」（月刊ホテル旅館編、２０１７ｈ）、「One@Tokyo」（月刊ホテル旅館編、２０１７ｉ）、「シャリアホテル富士山」（月刊ホテル旅館編、２０１７ｇ）、「BON HOSTEL」（月刊ホテル旅館編、２０１８ｂ）、「グリッズ京都四条河原町」（月刊ホテル旅館編、２０１８ｂ）、「PIECE HOSTEL KYOTO」

（月刊ホテル旅館編、２０１８ｂ）、「コステルンアキバ」（月刊ホテル旅館編、２０１８ｂ）、「本陣平野屋　花兆庵」（月刊ホテル旅館編、２０１８ａ）、「有馬温泉元湯古泉閣」（月刊ホテル旅館編、２０１８ｃ）、「坐忘林」（月刊ホテル旅館編、２０１５）、「ゆけむりの宿　美湾荘」（月刊ホテル旅館編、２０１５）、「ATAMI せかいえ」（月刊ホテル旅館編、２０１５）、「横浜ベイシェラトンホテル＆タワーズ」（月刊ホテル旅館編、２０１７ｄ）、「福寿荘」（月刊ホテル旅館編、２０１６ｄ）であり、それぞれの特徴を表５‐１に示した。これらの旅館やホテルに関する記事から、その優れた特徴や工夫を抜き出し、共通してみられる取り組みを整理した結果、①外国語対応、②部屋、③共用スペース、④他者との交流、⑤日本体験イベント、⑥食事、などの工夫が見い出された。その具体的な特徴や工夫は次の通りである。

（１）外国語対応

日本に訪れる外国人客の多くは日本語を理解できない。そのため、日本語の分からない外国人客のために外国語による対応が求められる。外国語による対応の例として、外国語のできる人材の採用と育成、館内の外国語表記などの工夫が見られた。

外国語のできる人材の採用の例として、「からくさスプリングホテル関西エアゲート」では、中国、韓国、フィリピン、タイ、インドネシアなどの出身国の外国人従業員を採用し、特にフロント担当者には通訳経験者もいる。「ON THE MARKS KAWASAKI」や「サクラホテル日暮里」では、従業員には母国語を問わずすべて英語を話せる人材を採用している。「FP HOTELS 難波南」では、台湾で人材募集を行っており、中国や台湾出身の従業員は英語と中国語が堪能である。「リッチモンドホテ

表5-1 訪日外国人観光客の対応について優れた旅館やホテルとその実践例

名 称	所在地	特 徴
京都茶の宿七十七	京都府京都市	京町家を改装した小旅館で，工芸作品のギャラリーを兼ねる．部屋で茶を点て，その会話から旅のプランを提案
白馬八方温泉ホテル五龍館	長野県白馬村	夕食を他で食べたいインバウンド客目家に館内に泊食分離し，レストランを充実
リッチモンドホテルプレミア浅草インターナショナル	東京都台東区	ツインルームの比率を高め，ハラル対応を含め，7つのレストランを館内で営業．多言語に対応できる外国人スタッフを採用
白馬丸金旅館	長野県白馬村	客室，ロビーやダイイングなどのパブリックスペースを純和風デザインに改装
ホテル JAL シティ羽田東京ウエストウイング	東京都大田区	ダブルとツイン中心の広めの客室に改装，江戸小路をイメージしたラウンジ，多言語対応のスタッフを配置
オンザマークス川崎	神奈川県川崎市	セキュリティと清潔感を確保した簡易宿泊施設（ホステル），1階には宿泊者同志，地元に住民が交流できるラウンジ
芝パークホテル151	東京都港区	日本の伝統色や和紙照明など日本文化を訴求した客室，日本文化を体験できるサロンや体験プログラムの充実
グランドプリンスホテル高輪	東京都港区	ホテル内に旅館施設を設け，着物姿のスタッフが出迎え，茶室でおもてなし
からくさスプリングホテル	大阪府泉南郡	客室を広くし，コネクティングルーム率を80%以上確保．外国人スタッフによる多言語化に対応
FP HOTELS 難波南	大阪府大阪市	インバウンド外国人客率95%，広い部屋とパブリックスペース，ベジタリアンやムスリム対応の朝食を提供
サクラホテル日暮里	東京都文京区	ムスリムのための祈禱室やハラルフードを完備，カフェを併設し地元住民との交流
One@Tokyo	東京都墨田区	外国人比率80%のデザイナーホテル，客室のデジタル環境やホームページを充実，一般客も利用可能なレストランを併設
シャリアホテル富士山	山梨県南都留郡	外国人比率80%で，ほとんどがインドネシアとマレーシア人のムスリム完全対応
BON HOSTEL	大阪府浪速区	カフェ・バーとダイニングを併設し，宿泊客同士や地元客との交流，地元食材を使った朝食ブッフェ
グリッズ京都四条河原町	京都市中京区	外国人観光客向けに抹茶，書道，着物体験などイベントを定期開催
PIECE HOSTEL KYOTO	京都市南区	ラウンジ，キッチンの他，観光や建築関連のライブラリーを共用スペースに充実
コステルンアキバ	東京都千代田区	日本に関するコスプレをテーマとした女性専用のコンセプトホステル
本陣平野屋 花兆庵	岐阜県高山市	外国人環境客がゆっくり室内で過ごせるベッドを備えた和洋室へ改装・増室，スタッフの多言語化対応
有馬温泉元湯古泉閣	兵庫県神戸市	外国人が喜び，インド人や欧米のヴィーガンやベジタリアンに対応できる精進料理を提供
坐忘林	北海道ニセコ	モダン建築と日本のアンティーク品との融合．茶屋やライブラリーなどのパブリックスペースの充実
ゆけむりの宿　美湾荘	石川県七尾市	ベットと露天風呂を備えたゆったりとした広い客室に改装
ATAMI せかいえ	静岡県熱海市	英語と中国語での対応可のスタッフ，ハラル，ビーガン対応に日本料理を提供，様々なフィットネスプログラムを用意
横浜ベイシェラトン・タワーズ	神奈川県横浜市	改装に当たり，外国人宿泊客向けに部屋を広くし，コネクティングルームを用意
福寿荘	三重県志摩市	和室しかなかった部屋を，ベッドを備えた広い和洋室へ全室改装

ルプレミア浅草インターナショナル」の従業員は、中国、韓国、ドイツ、フランス、ガーナの出身者を採用し、母国語と日本語に加え、英語が堪能であり、さらにコンシェルジュは、英語と中国語あるいは韓国語での応対が可能である。(4)「One@Tokyo」では、フィリピン、韓国、ミャンマー、ロシアなどの出身国の留学生をアルバイトとして採用する一方で、フロントとオペレーションに関しては正社員が細やかな接客を行っている。「本陣平野屋花兆庵」では、外部から英語教師を毎月招いて日本人従業員へ英会話教室を実施することによって、旅館の業務で使用する実践的な英会話ができる人材を育成し、加えて、海外出身の派遣従業員や清掃スタッフに通訳を手伝ってもらっている。

これまでの外国人客への対応経験から、よく説明や注意を要する事柄を整理し、予めホームページ、部屋や館内に分かりやすい案内を、英語を基本に中国語や韓国語など多言語で用意する例も見られた。「One@Tokyo」では、エレベーターや客室への案内など英語表記を標準としている。「One@Tokyo」では、各メニューに使用している食材をイラストで明記したポップを用意し、日本語がわからない外国人客でも、どのような食材が使用されたかがわかるような工夫をしている。他にも「本陣平野屋花兆庵」では、大学生のインターンを活用し、日本での旅館の過ごし方や浴衣の着方、入浴法などを、多言語でまとめた小冊子を制作した例もある。「FP HOTELS 難波南」では、日本独自のお茶の入れ方、トイレの使用方法をイラスト入りで表記し、各部屋には8カ国語対応のｉＰａｄを設置している。

このように、これまで外国人客を多く受け入れてきた旅館やホテルでは、外国語で接客する従業員の採用と育成を進めるとともに、よく戸惑ったり、説明や注意したりする事柄については多言語で分かりやすい案内を用意している。

(2) 部　屋

外国人客を受け入れるために、部屋を広くしたり、和風にしたり、ICTの機能を充実したりする対応や工夫をする旅館やホテルが見られる。

外国人観光客の多くは、ビジネスやバックパッカーなどの一人旅は別として、カップルや家族、グループなど2人以上で旅行や宿泊をする。そのため、シングルよりもダブルやツインの部屋に需要がある。「FP HOTELS 難波南」、「芝パークホテル151」、「からくさスプリングホテル関西エアゲート」、「横浜ベイシェラトンホテル&タワーズ」、「ゆけむりの宿 美湾荘」では、改装にあたり、従来よりも部屋を広くし、複数人で宿泊できるようにした。「福寿荘」では、これまで和室しかなかった部屋を、ベッドを備えた広い和洋室へ全室改装した。「からくさスプリングホテル関西エアゲート」、「横浜ベイシェラトンホテル&タワーズ」では、隣同士の部屋をつなげるコネクティングルームを用意し、家族で宿泊する客への対応を行っている。部屋の限られた空間を有効活用するため、「FP HOTELS 難波南」や「からくさスプリングホテル関西エアゲート」では、ベッドの下にスーツケースなど大荷物が入るようベッドの足を高くした例もある。

次に、外国人客が喜びそうな和を基調とした部屋を用意したホテルや旅館が見られる。「PIECE HOSTEL KYOTO」では、和を施したベッド、テーブル、椅子を備えた広めの和洋室の部屋、「からくさスプリングホテル関西エアゲート」には、唐草模様をあしらったスタイリッシュな和モダンの部屋などである。「芝パークホテル151」では、ベッドルームと客室廊下の仕切り戸は障子風で、桜や梅雨、入道雲など日本の自然を描いた和紙を貼った6面体の照明を採用するなど日本文化を訴求した客室を用意している。「ホテルＪＡＬシティ羽田 東京ウエストウイング」では、部屋そのものは近代的だが、和風のごみ箱や小物入れなど部屋に備え付けている。

ＩＣＴへの対応について、現在では多くの旅館やホテルで無料Ｗ-ｉＦ-ｉ環境を整えているが、「サクラホテル日暮里」では２００４年の早い時期から館内にＷ-ｉＦ-ｉを完備した。「本陣平野屋 花兆庵」や「One@Tokyo」では、国内外無料通話やインターネット検索可能なスマートフォンを客室に用意している。「横浜ベイシェラトンホテル＆タワーズ」、「からくさスプリングホテル関西エアゲート」、「ホテルＪＡＬシティ羽田 東京ウエストウイング」では、ＵＳＢ端子やユニバーサルコンセント、「リッチモンドホテルプレミア浅草インターナショナル」では海外プラグ対応のマルチコンセントを部屋に備えている。このように広い部屋やＩＣＴによりグローバル化への対応をするとともに、和モダンの部屋などで外国人客に日本文化を感じてもらおうとする工夫が見られた。

（3） 共用スペースの充実

外国人客は、個室よりもパブリック（共用）スペースで過ごすことを好む者もおり、部屋以外の共用空間にも工夫をしているホテルや旅館も多い。

団体客が多い「FP HOTELS 難波南」では、ロビーでの混雑をさけるため、家族やグループで寛げるように64席収容の広めのラウンジを設け、15～24時まで宿泊客に開放し、そこでコーヒー、紅茶やハーブティなど無料で提供している。このロビーには、〝大阪にいる〟と表現した6カ国語のボードを用意した撮影スポットを設け、宿泊客のＳＮＳによる発信を促している。「からくさスプリングホテル関西エアゲート」の共用スペースには、外貨両替機、コインランドリー、セーフティボックス、マッサージチェア、カプセルトイといった外国人客が喜ぶ機器を備え、「横浜ベイシェラトンホテル＆タワーズ」では、専属スタッフによる観光情報案内や各種予約できるクラブフロアを設け、「芝パークホテル１５１」では、日本の文化や遊びを体験できるサロンを設置、「コステルンアキバ」では、コスプレ衣装が映えるベッドスペースやフォトスポットを館内に整備している。

共用ラウンジを和風に彩る旅館やホテルもみられる。例えば、「ホテルＪＡＬシティ羽田　東京ウエストウイング」のラウンジは、江戸の小路をイメージした格子模様の壁とし、和のライフスタイルやカルチャー、食文化を示すグッズを展示、「坐忘林」では、日本のアンティーク品を飾ったパブリックスペース、茶屋やライブラリーなどを備え、「One@Tokyo」では、ホテルそのものを美術展示館と位置づけ、古き良き下町の趣を活かしつつ、近代的でスタイリッシュな印象を持つ居心地のよい空間づくりをしている。「京都茶の宿　七十七」では、ラウンジを中心に館内に京都の工芸作家の作品を置き、「庭のホテル　東京」では、ロビーの巨大な行燈のような照明や四季が感じられる雑木林のような中庭などで和を演出し、「白馬丸金旅館」でも、和モダンの広めのラウンジに改装した。他にも「ON THE MARKS KAWASAKI」のラウンジには、交流のある地方都市のホステルのパンフレットを置いて、従業員が個人的に旅の相談に応じるなど、それぞれの旅館やホテルの共用スペースでは、外国人客が楽しんだり、寛いだりできるような様々な工夫が見られる。

（4） 他者との交流

外国人客の中には、旅という共通の趣味をもつ他の客との会話や、地元の日本人との交流を求める者もいる。いくつかのホテルや旅館では、ラウンジなどの共用スペースを活用し、そうした外国人客同士や地元の日本人が集る仕掛けをしている。「なごのや」では、2階をゲストハウス、1階に受付を兼ねた喫茶店とし、商店街と協働して、宿泊客と地元の人々との交流を促している。「PIECE HOSTEL KYOTO」では、ラウンジやキッチンの共用スペースに、観光や建築関連の本を多数用意したライブラリーを設け、外国人客同士や日本人客との交流が行われている。「BON HOSTEL」では、カフェバーやダイニングを併設したロビーラウンジで宿泊客同士と地元客とが交流し、情報交換を行っている。「サクラホテル日暮里」には、世界50カ国のビールを用意したカフェに地元の人も訪れ、外国人客とのコミュニケーションの場としたり、また、地元の祭りに外国人客に参加してもらったり、中には神輿を担ぐ客もいたりする。「One@Tokyo」でも、1階部分に地元の一般客も利用できる直営レストランを設置し、宿泊客の朝食会場になる他、ランチやバータイムには、地元住民も気軽に入れるようなレストランになっている。「ON THE MARKS KAWASAKI」の共用ラウンジでも、地元の住民も利用できるレストラン、カフェ、バーなどの飲食施設とラウンジを一体化して、地元の人たちや宿泊者との交流の場となっている。このように客同士、あるいは地元の住民と交流する場を意識的に設け、外国人客へ交流を促している。

(5) 日本体験イベント

いくつかのホテルや旅館では、外国人客のために、日本の伝統文化を体験できる様々なイベントを催している。例えば、「BON HOSTEL」では殺陣や巫女体験、「グリッズ京都四条河原町」は抹茶や着物体験など、「庭のホテル 東京」ではロビーで正月の餅つき、「サクラホテル日暮里」は茶道や浴衣着付や書道、「サクラホテル神保町」では皇居ランニングなど、「椿山荘」は日本庭園の茶室での茶道体験、「芝パークホテル151」ではホテルスタッフが講師となり書道、折り紙、茶道などの無料プログラムの他、花見や盆踊り、ラジオ体操などの地域交流イベントを用意している。「京都茶の宿 七十七」では、茶の湯体験、開門前の寺院での庭づくり体験、工芸作家の工房見学など、地元住民とのネットワークを活かしたイベントを開催している。この「京都茶の宿 七十七」では、客が到着すると、そのまま部屋に案内し、部屋でお茶を点てながら、チェックインの手続き、そこでの会話から従業員は客の求める旅行プランを提案し、朝食でも囲炉裏で季節の食材を焼きながら会話し、夏には、外出から帰ってきたら氷の入った容器に季節の果物とラムネを入れて部屋に届け、チェックアウト時には一緒に写真を撮るなど客との接点において様々な日本文化を感じられる工夫をしている。「グランドプリンスホテル高輪」でも、日本庭園の入り口で、着物を着た従業員が客を迎え、茶室でのおもてなしを行っている。「ON THE MARKS KAWASAKI」では、もともと地元の住民を対象としたランニングイベント、レンタサイクルでの市内ツアーへ外国人客に参加を勧め、その後でダイニングでビールを参加者へ1杯無料で提供し、そのまま交流がはじまる。このように、いくつかの旅館やホテルでは、日本の伝統文化を体験したり、交流できるイベントを用意し、それが外国人客の宿泊先を選ぶ要因となる場合もある。

(6) 食　事

外国人客のために、食事の提供時間や方法、食材や種類などを配慮するホテルや旅館が見られる。日本人と嗜好やライフスタイルの違い、時差ぼけや時間の制約を嫌う外国人客もいるため、「One@Tokyo」では、食事の時間を臨機応変に要望に合わせて、全ての時間で朝食を提供可能にしている。「ホテルＪＡＬシティ羽田 東京ウエストウイング」でも、朝食を朝4～10時までとし、早朝フライトの宿泊客に朝食を提供している。近年、増加してきたムスリムやベジタリアンの外国人客向けに「FP HOTELS 難波南」、「シャリアホテル富士山」、「サクラホテル幡谷」などでは、彼（女）らに対応した食事を提供しており、特に「有馬温泉元湯古泉閣」、「ATAMI せかいえ」では、ムスリムやヴィーガンのための精進料理や和食を提供している[5]。他にも、泊食分離を好む外国人客への対応として、「白馬八方温泉ホテル五龍館」では、ホテルとレストランを分離して営業している。そのレストランはオープンキッチンとし、バーカウンターを設け、冬季はレストラン・バー、夏はオープンキッチンを活用したハーフバイキングとし、外国人客に人気である。

本節では、外国人客に向けた工夫を行っているホテルや旅館の特徴について、外国語対応、部屋、共用スペースの充実、他者との交流、日本体験イベント、食事の観点から、それらの具体例をあげた。日本の宿泊業が外国人客を受け入れ、グローバル化に向けたこれらの工夫は参考にすべき取り組みであろう。一方で、こうした工夫は、外国人客の不満を解消することはできるが、感動や満足を得るかは疑問である。外国人が感動する宿は、どのようなおもてなしを行っているのであろうか。そこで次節では、低廉な宿泊料にもかかわらず、外国人客からの評価が特に高い「山城屋」、「澤の屋」、「富士箱根ゲストハウス」、「宿坊対馬西山寺」、「京町家 楽遊 堀川五条」、「白保フレンドハウス」の6宿を事例に取りあげ、そのマネジメントについて概観する。(6)

2 外国人客に定評のある宿泊施設の事例

(1) 旅館山城屋(7)

大分県湯平温泉の「旅館山城屋（以下、山城屋）」は、２０１5年に「第2回九州未来アワード」にて国際事業・インバウンド観光部門の「審査員特別奨励賞」を受賞、また、例年「宿泊施設満足度ランキング」や「外国人に人気の旅館」においてランクインしており、国内外からも予約が取りづらい人気の宿である。大分県湯平温泉は約３００年前に建設された「石畳の坂道」が有名で、大正から昭和初期にかけて療養温泉地の「西の横綱」と呼ばれ、九州では別府に次ぐ温泉地として栄えていた。しかし、昭和50年代に近隣の由布院温泉が台頭すると、逆行するように湯平温泉は寂れ、全盛期約60軒あった旅館は、20軒程度と減少した。

この湯平温泉の地に宿を構える山城屋では、「安心感こそおもてなし」という理念のもと、どのようにしたら外国人客へ「安心感」を提供できるかを第一に考え、外国人客への徹底したおもてなしと環境整備により不安をなくしていることが特徴である。特に山城屋は外国人向け宿ではないが、新型

写真5-1　旅館山城屋

（出所）旅館山城屋ホームページ.

コロナウイルス蔓延前までは約８割が外国人客だった。国（地域）別の最も多い客は韓国からで、二番目は香港である[8]。大分県名産の豊後牛を中心にした自家製みそを使った日本の家庭料理は口コミで高評価を得ており、日本人も外国人にも同じ料理を提供している。１泊２食を基本とする旅館の場合、連泊する外国人客に対して食事内容を変えるのは難しい。しかしながら、山城屋は１泊２食の家庭料理にこだわっている。山城屋の口コミで高い評価を得ている大半が料理であり、料理がないと設備やロケーションが劣るため全体的な評価が下がってしまう。ホテルとの差別化を図るためにも山城屋では１泊２食にこだわり、家族経営旅館の魅力を海外へ発信している。

山城屋の外国人客の受入れの契機

２００６年に韓国の旅行雑誌社が大分県を取材した際、別府と湯布院とともに第三の大分の温泉地として湯平温泉を訪れた。その雑誌の巻頭に湯平の石畳の写真が掲載されて以降、湯平温泉に韓国からの観光客が増えた。山城屋の主人が、２０１０年に韓国、２０１１年に台湾の自転車ロードレースで湯平温泉を宣伝したところ、台湾からの観光客も増え始めた。２０１５年には、香港の雑誌で山城屋の台所が掲載されたことにより、香港からの客も増えた。英文科卒の女将が英語で接客できたこともあり、女将のおもてなしが中国語や韓国語のネットで評判となり、山城屋へ訪れる外国人客が増えた。女将は英語のみならず、独学で韓国語、中国語、タイ語を勉強し、接客で外国語での家族経営の小旅館のおもてなしを提供した結果、予約サイトや Tripadvisor で高評価を得て、さらなる集客へと好循環が生まれた。女将を中心とした外国人客への安心感が、インターネットにより情報発信され、宿の集客へとつながり、「場所や地域に魅力がなければ、宿にも人は来ない」という常識を覆し、旅行の目的が湯平という場所ではなく、山城屋という宿や女将という人へ変わっていった。

山城屋の部屋や施設

山城屋の建物は築50年以上、客室は７室（定員20名）で、主人曰く「地方にありがちな古くて小さな旅館」である。山城屋では、無料ＷｉＦｉを館内全室に整備した他は、以前からの和室をはじめ元々の施設を活用している。例えば、韓国を除くアジアの国々で床や畳に座って食べる習慣がないため、団体客用だった宴会場を、低いテーブルと椅子を置いただけのレストラン形式に変更した。古くて小さい施設や部屋や湯船は洗練されておらず、お洒落ではないが、外国人客にとって、ありのままの日本旅館を感じとることができ、むしろ新鮮だと言われる。湯平温泉は映画「男はつらいよ」のロケ地になったこともあり、大浴場前のスペースには、主人が収集した「寅さん」所縁の資料やグッズが展示されている。館内には、ピンク公衆電話や昭和時代の製品がさり気なく置かれ、日本の人気漫画の英語版コミックスも備えている。このように山城屋では、お金をかけずに元々あるものを活用し、外国人客に喜んでもらっている。

山城屋での外国語対応とコミュニケーション

山城屋のホームページは、近隣大学の留学生に日本語を英語、中国語、韓国語に翻訳してもらい、日英中韓の4カ国語表記となっている。外国人客にとって異国である日本の公共交通機関を用いた移動は不安であるため、山城屋では、安心して移動できるよう公共交通機関の利用方法など丁寧な説明と案内を行っている。例えば、海外からの入国者の利用が多い、博多港、福岡空港、北九州空港の三カ所から最寄りの湯平駅までの交通アクセスを英語で紹介する「おもてなしルートマップ」を近隣大学の学生と共同で作成した。空港内や駅構内、切符の発券機やバス停の位置など実際のアクセスルートに沿ったありとあらゆる場所を撮影し、空港から最寄駅を経由して旅館までの道程のアクセスマップ、切符の買い方や電車の乗降方法を画像や動画を使って英語で説明を加え掲載している。各客室には、インターネットに接続したテレビを備え、近隣の観光地、風呂の入り方、浴衣の着方、スリッパを脱ぐ場所、トイレットペーパーの扱い方など、日本旅館でのマナーについて解説した動画を多言語で見ることができる。

山城屋での外国人客とのコミュニケーションは、チェックインと翌日のスケジュールの確認、風呂と食事の案内、チェックアウトについて簡単な英語での対応を基本としている。これら基本的な英会話の言い回しで、アジア圏の客を含めたほとんどの外国人客に対応できる。その他のことも旅館の中での会話は限定されているので、慣れてくればある程度の想像がつき、お互い言いたいことはわかる。外国人客に対して緊張気味だった高齢の従業員も英語で話しかけて通じれば喜ぶ。このような外国人客との対応の積み重ねにより、語学力のみならず山城屋のコミュニケーション能力を高めてきた。

山城屋では、2011年からSNS（Facebook）に日本語で書きこんだ後、グーグル翻訳などの無料翻訳アプリで英訳し、日本語と英語で世界中に情報発信している。そのため、海外からの問い合わせを度々受けるので、よくある問い合わせに対し、英文の返答集を用意している。それまでメールで問い合わせを受けた中で多かった予約の問い合わせや当日の交通アクセスなどの内容を日本語で列挙し、その基本的な返答内容を近隣大学の学生が英訳し、定型の返答集を作成してくれた。そのままコピー＆ペイストして、日付や名前、状況による微妙な違いを調整することで迅速な受け答え対応をしている。返答集で対応できない応答やSNSの英語のコメントの返信も先述の無料翻訳アプリを活用している。山城屋では、問い合わせに対し、丁寧に答えることを心掛け、到着してから自分の家で寛げるように安心して滞在できるよう努めている。

山城屋でのおもてなし

山城屋の接客は「人に喜んで、もう一度来て欲しい」という気持ちで日本人客と同様に外国人客へ家庭的なおもてなしを心掛けている。どこの国の客でも誠意をもって接することが大事で、外国人客だからと言って中途半端な受け入れはせずに、積極的に踏み込んだコミュニケーションをとろうとする姿勢が必要である。そうした姿勢や態度が外国人客に伝わった時に、歓迎されている安心感を実感してもらえる。そのような意識や感覚は、言葉で出さなくとも態度で現れる。明るい接客を心がけ、客の話は聞くが、プライベートなことへは立ち入らず、客に気を使わせないように過ごしてもらう。主人と女将は自分らが海外を旅した経験から、海外でどう接して欲しいのか、自分たちの子どもが海外で旅をしたらどのようにして欲しいのか、相手の立場になって客一人ひとりを見守る接客を楽しんでいる。客のすべての要望を満たすのは無理だが、「代わりに何かできないか」と常に考え、客をがっかりさせないおもてなしを心掛けている。

また、山城屋では、「疲れた顔をしていては、お客さまへ安心感を与えることはできない」、「お客さまの前では常に万全の状態でありたい」と考え、従業員がリフレッシュして接客できるよう定休日を設けている。接客する従業員自身が常に心身ともに健康な状態であり続けるため、シフト制ではなく、水曜日と木曜日を定休日とする完全週休二日制をとっている。また、日本人と外国人客の旅行シーズンは異なるため、外国人客に影響のない盆暮れ正月を宿の休みとしている。

このように山城屋では、家族経営の旅館に備わっている魅力を外国人へ積極的に情報発信し、おもてなしの向上と環境整備に努めた結果、口コミで世界に広がり、外国人に人気の宿となった。他にも山城屋では、留学生のアイデアで、オリジナル絵葉書の提供と投函、浴衣と和傘の貸し出しを行い、外国人客に喜ばれている。また、JR九州に働きかけ、外国人客が無人駅の湯平駅でそのまま降車できるよう、由布院駅では湯平駅でドアの開く1両目に乗るように外国語で案内してもらったり、湯平駅に英語、韓国語、中国語、日本語で横断幕の案内表示してもらったりした。また、新たな観光スポットにしようと近隣で見つかった地蔵をめぐる散策コースを開拓するなど、山城屋のみならず、湯平温泉地域全体を活性化させようと努力している。

(2) 澤の屋旅館[9]

東京都台東区にある「澤の屋旅館」(以下、澤の屋)は、1949年に近隣の大学生の下宿屋としてスタートし、先代の澤ヨシが客室8室の旅館を開業して、当初はビリヤード場も経営していた。上野駅から近いこともあり企業や団体の東京出張や中高生の修学旅行の常宿として栄え、需要増に伴い、1968年に鉄筋3階建ての22人定員13客室を増築、2009年に日本旅館らしい玄関に改装した。コロナ禍前の澤の屋の客の外国人比率は90%で、これまで100以上の国から客を受け入れてきた。澤の屋は、もともと日本人のための旅館で、外国人向けに特別な施設やサービスを提供していない。澤の屋は、素泊まりが基本で、朝は希望に応じて別料金で軽食を提供する。食事を提供しない代わりに、宿近隣の飲食店を掲載した外国語の地図を配布し、近所での外食を勧めている。宿周辺には昔ながらの定食屋も多く、そこでの地域の人との交流も外国人客にとっての魅力となっている。澤の屋は旅行や観光の業界誌だけでなく、多くのテレビや新聞などマスメディアに取り上げられてきた[10]。主人の澤功は、2003年に国土交通省より「観光カリスマ(下町のもてなしカリスマ)」、2007年に「地域活性化伝道師」に、2009年には「YOKOSO! JAPAN 大使」に任命されている。また、澤の屋では、年末年始は家族で正月を過ごすため、6月は館内をメンテナンスするとともに自らが旅行を楽しむた

写真5-2　澤の屋旅館

（出所）澤の屋旅館 Twitter.

め一週間の休業日を毎年設けている。

澤の屋の外国人客受入れの契機

１９８０年初め、澤の屋でも経営の厳しい時期があった［安田，２０１０］。澤の屋は客が３日続けてこなかったことを機に、外国人客を積極的に受け入れていた旅館を見学し、受け入れを決めた。１９８２年から外国人客を受け入れ始めてから、徐々に外国人客が増え始め、１９８４年には宿泊率が90％を超えるようになった。外国人客を受け入れてから、外国人客が快適に過ごすために手を入れなければならないポイントが分かり始めたが、特別な施設やサービスを準備する経済的余裕がなかった。外国人客が増える過程で、当日キャンセル対応のためクレジットカード会社との契約など、その時に起こった事件やクレーム、思い付きのアイデアで対処的に行うことを積み重ねた。その結果、澤の屋の家庭的なおもてなしが外国人客に評価され、海外でも有名な宿となり、国別順には、アメリカ、フランス、オーストラリア、イギリス、カナダと欧米豪からの客が多く訪れる宿となった。

澤の屋の部屋や施設

古くからの日本旅館である澤の屋の部屋は和室で、部屋の隅にはちゃぶ台がおいてあり、日本茶のセットとポットとともに、日本茶の入れ方が説明付きで用意されている。トイレは各階男女別共同であるが、外国人客を受け入れる過程で、洋式シャワートイレに変更した。澤の屋の風呂は複数あり、もともとの風呂は4~5人入れる広さの1つの風呂だったが、他人と一緒に入れない外国人客向けに、浴槽が1つにつながっていたままの浴室を改造して2つの湯船に分けた。特に小さな日本風の庭を眺められる和風の檜風呂と陶器の風呂は好評である。1階には無料のコーヒーや茶、トースターと電子レンジ、ポットを備えた食堂兼ラウンジがあり、備品としてヘアドライヤー、アイロン、ズボンプレッサー、洗剤無料のコインランドリー、自販機など置かれている。1階の情報コーナーには英語のツアー案内や美術館、博物館のパンフレット、大相撲の案内などが並ぶ。食堂には電子レンジ、階段手前には冷蔵庫があり、宿泊客が自由に使え、使用方法も英語で記載されている。館内の食堂や廊下、トイレなどには、日本の小さな飾り物や民芸品を置いてあり、和を感じることができる。

澤の屋のおもてなしやサービス

現在では当たり前となったパンフレット、ホームページ、館内の張り紙や注意書き、宿泊料金表などを澤の屋では早くから英語・中国語・韓国語など多言語化した。また、日本での風呂の入り方、シャワートイレの使い方、共用の冷蔵庫の使い方なども外国語で説明している。以前の澤の屋では夕食を提供していたが、外国人客を受け入れ始めてしばらくして夕食の提供をやめた。「夕食代が高いから値引きしてくれ」という客や、夕食時間になっても帰ってこない客が多かったためである。一方で、リーズナブルで簡素な洋朝食は予約制で提供している。また、チェックイン後、宿泊客を部屋まで案内する際に、バックや荷物をもっていくことも、チップを要求しているように思われるためやめた。澤の屋では、チェックイン時から既に部屋には布団が敷いてある。外国人客の中には、飛行機の長旅や時差ですぐに横になりたい、部屋に入った後で従業員が布団を敷きに行くのはプライベートを大事にする外国人客が快く思わないからである。家族経営の澤の屋ではチェックインとチェックアウトの時間帯が決まっており、門限は午後11時である。早朝チェックアウトする客に対して、前日の夜に宿泊料金を精算してもらい、玄関の開け方を教え、「京成上野駅までお願いします」と日本語で書いたメモを渡し、事前に予約したタクシーの運転手に見せるよう案内する。また、午後11時を過ぎて帰ってくる客が入館できるよう玄関の鍵を貸し出している。他にも、外国人客が澤の屋の次に宿泊する日本国内の宿の予約や確認を客の目の前で代わりに電話すると喜ばれる。澤の屋では、外国人客にとって余計なサービスではなく、彼（女）らが安心して過ごせるちょっとした気遣いをおもてなしと考えている。

澤の屋での外国語対応とコミュニケーション

外国人客を受け入れるにあたり、澤の屋の主人は、中学レベルの教科書で英語を独学で学びはじめたり、国際電話の受け方の講習会に参加したりした。外国人客との最初の接点は電話であることが多く、英語での電話対応に慣れるまでかなりの時間がかかった。電話だと相手の表情が読み取れず、身振り手振りが使えないだけでなく、遠い外国からの高額な国際電話のため短時間で用件を済ませたい客相手の対応は容易ではなかった。外国人客と対応した経験を積み重ねる過程で、よく聞かれる対応内容については、あらかじめ英語のホームページやパンフレット、館内に多言語の注意書きを用意した。また、チェックイン時には、外国人客によく聞かれる、スーパーやコンビニ、銀行、定食屋やレストラン、観光スポットなどが掲載された日英併記の旅館周辺の地図を渡している。

澤の屋での外国人客とのコミュニケーションは、身振り手振りに基礎的な英単語を大きな声で発音し、時には筆談で応対する。ほとんどの外国人客は英語を話せるが、片言の英語しか喋れない客も多い。外国人客に対して、わからないことはわからない、できないことはできない、とはっきり答えられるようになってから、コミュニケーションが上手く行き始めた。澤の屋の主人は、外国語は障壁ではなく、また、外国人客とのコミュニケーションは決して英会話力だけではないと言う。実際、澤の屋に宿泊した外国人客へのアンケート調査でのコミュニケーションの質問項目では、９割が上手くいったと答えている〔安田、２０１０〕。澤の屋での拙い英語での従業員とのやり取りが外国人客にとって日本の小旅館に来た事を実感させる。

澤の屋での日本文化イベントと地域連携

澤の屋では、正月、節分、ひな祭り、五月の節句、菖蒲湯、七夕、柚子湯など昔ながらの日本の季節行事を行っており、外国人客も日本の時季慣習を体感できる。澤の屋のある東京の下町「谷中」は観光地ではなく、外国人にとってそのままの日本人の生活を垣間見ることができる場所である。地域の住民も澤の屋を応援してくれて、「澤の屋の客は、街のお客さん」という意識を持ってくれている。地域の地域のボランティアに協力してもらい、獅子舞、茶会、英語落語会、三味線演奏会などを宿泊客に披露し、地域の祭りへの参加、みこし担ぎ、花見、菊人形、盆踊りなどの参加を澤の屋は外国人客に勧めている。

澤の屋では、日本人の文化や生活、歴史や芸術を感じられる谷中で、いつ来ても日本人客と同じ家庭的なおもてなしを受ける。そうした家庭的なおもてなしとともに、英語が流暢でない従業員、古い施設と和室、共同トイレなど、小旅館では経済的に対応できないのが理由だったが、こうした外国人客にとって便利ではない環境と経験が、逆に日本の小旅館に来たことを感じさせる。澤の屋の宣伝はホームページのみで、ホームページの英語版のトップページに家族全員6人が並んだ写真を張り付け、「ようこそ澤の屋旅館へ、私達が皆様をお迎えいたします」と家族で旅館を経営していることをアピールしている。家族で頑張っている小さな旅館に泊まり、その国の生活や文化に接したいと思っている外国人旅行者の興味をひき、人気の宿となった。

(3) 富士箱根ゲストハウス(11)

富士箱根ゲストハウスは、平屋建てと二階建ての宿泊施設2棟の部屋数計14室の小規模な家族経営の宿である。外国人を友人として迎え入れ、もてなしたいという主人自身の思いから1984年に、

写真5-3　富士箱根ゲストハウス
（出所）富士箱根ゲストハウス Facebook.

実家を増改築し、ゲストハウスを開業した。安価な宿泊料でありながら、ありのままの日本の生活文化や他の宿泊客、従業員、地元住民との交流を体験できることが富士箱根ゲストハウスの魅力である。朝食は宿泊客に軽食を別料金で提供するが、夕食は提供せず、近隣の飲食店を案内している。滞在中、外国人客に日本の宿に泊まる際の決まり事を教え、出来ないことは出来ないと言うが、ホストファミリーのように異国の地からやって来た人に対して親身になって世話を焼くおもてなしが評判となり、SNSや口コミサイトで外国人客に有名なリピーターの多い宿となった(12)。

富士箱根ゲストハウスの外国人客受入れの契機

富士箱根ゲストハウスの主人は、海外でのホームステイ、町役場での外国人旅行者のための街づくり、日本人に外国語を教える教育機関での外国人講師との交流などを通じて、外国人に役立つことを自分のライフワークと考え、外国人の知人を自宅に無償で受け入れていた。後に、宿泊業として「友人として迎え、人としてお世話すること」をモットーとする富士箱根ゲストハウスを開業する。外国人客と接するにあたり、外国人の既存の観念にとらわれない一方で、客に日本人の価値観を押し付けず、文化や風習の違いは違いとして受け止め、柔軟な心で相手の立場を思いやり、尊重するよう努めている。外国人客を日本人客と区別せず、友人と同じように、困っていれば手を差し伸べて、できる限りのことをしてサポートする姿勢により外国人客の信頼を得て、口コミで世界中から日本の文化や生活に興味をもつ客が訪れる宿となった。その結果、Tripadvisorでは、宿泊客から高い評価を得て、「エクセレンス認証」を5年連続獲得した宿として殿堂入りし、また、アメリカのコーネル大学から、アジアにおける「ベスト・プラクティス・チャンピオン」に選ばれた〔高橋、２０１７〕。

富士箱根ゲストハウスの部屋や施設

富士箱根ゲストハウスの部屋は主にバス・トイレ別の畳敷きにふすまと障子戸の昔ながらの典型的な和室のつくりで、夜は浴衣を着て布団で寝る。日本人客にとっては、昭和時代の実家に帰ってきたような落ち着く空間であるが、外国人客にとっては日本の古き良き生活文化を体験できる客間である。長旅で疲れた外国人客が到着後、すぐに寛げるように、あらかじめチェックイン前から部屋にベッドのように枕側を壁につけて布団を敷き、入室後はむやみに部屋に立ち入らないようにしている。館内には知らない宿泊客同士がコミュニケーションや学びを楽しめる20畳ほどの共用スペース「国際交流ラウンジ」がある。和の要素をちりばめられたラウンジにはソファーとテーブルをおき、壁際に書道作品や五月人形、羽子板などを飾り、随所で日本文化にふれられるとともに、日本の家庭の居間にいる雰囲気を醸し出している。ラウンジには、水道水に抵抗がある外国人客のために、常にポットに水を入れ置いてある。風呂は屋内に2つ、露天風呂が1つあり、人前で裸になることに抵抗のある外国人客のために、全ての風呂を時間毎の予約制の貸し切りにしている。別棟の1階には朝食を食べる食堂がある。

富士箱根ゲストハウスでのおもてなしと外国語でのコミュニケーション

富士箱根ゲストハウスでは、日本の宿に慣れていない、文化や習慣の異なる外国人客に対して様々な工夫を講じている。外国人客を受け入れるにあたって問題が多かった、無断キャンセル、トイレや備品の使い方、ごみ処理、風呂の入り方など日本での宿泊の決まり事について、外国人客のための注意書きを英語表記したり、説明したりしている。例えば、日本の温泉への入浴ルールとして、水着で入浴してはいけない、タオルを湯船に浸けてはいけない、温度調整後に水道の蛇口を閉め忘れてはいけない、入浴後に湯船の栓を抜いてはいけないなど注意事項を英語で脱衣所に掲示している。一方、館内の英語の注意書は、禁止事項で宿での滞在が息苦しくならないよう必要最低限にするよう心掛けている。こうした異文化による不都合には、日本の常識は世界の常識とは限らないという認識を持って感情的にならず、外国人客一人ひとりの考えを理解するためにコミュニケーションをしっかりとって対処する。

また、富士箱根ゲストハウスでは、地元の小学生とともに、外国人客によく聞かれる観光スポット、飲食店、コンビニ、郵便局、金融機関やＡＴＭ、バス停など英語表記の周辺地図を作成した［高橋、２０１７］。この英語表記の周辺地図をチェックイン時に外国人客に渡すようにしたところ、近所のどこに何があるのかといった質問を外国人客から聞かれることが少なくなった。

外国人客とのコミュニケーションは、英語の巧拙よりも、相手を歓迎しようという気持ちが大事である。富士箱根ゲストハウスの従業員は、宿泊業で必要な内容に特化した接客する上での最低限の単語やフレーズを覚え、それ以外のことは都度対応している。従業員が外国人客に一所懸命に伝えようとする努力に共感し、彼（女）らは従業員が何を伝えたいのかを推察してくれる。日本の歴史や文化、地元の観光スポットなどを質問する外国人客のために、英語で説明できるよう備えている。外国人客が言うことに対して時間の許す限り耳を傾け、期待に応えることで、日本をよりよく理解してもらう努力をしている。こうした努力と実践を、外国人客を歓迎する気持をもって重ねるうちに外国人客との意思疎通にも慣れ、コミュニケーションの不自由がなくなってきた。

富士箱根ゲストハウスのような小さな宿では、外国人客が何を望み、何に困っているのか、客一人ひとりの本音がわかり、適切な対応を取ることができる。異国で不安を抱えつつ旅をしている外国人客に「何かあれば気軽に言ってください」と事前に伝えることで安心感を与えることができ、常に相手の立場に立って接すれば、文化の違いから生じる思い違いもクレームになる前に防ぐことができる。外国人客の不安に目を向け、把握し、取り除けば安心してくれ、「私たちは歓迎されている」と感じる。

一方で富士箱根ゲストハウスのような従業員の少ない家族経営の宿では、外国人客のすべての要求に応えるのは厳しい。無理を承知で言う一部の外国人客の気軽な要望に対し、真面目に聞き入れては、家族経営の宿では対応できず、他の宿泊客に迷惑が掛かってしまう。そのため、出来ないことは出来ないとはっきりと言うことも必要と考え、出来ない理由を説明すると、大抵の客は納得してくれる。出来ないことを引き受けたために、揉め事になることもあるので、外国人客には自国の常識を持ち込まないよう理解してもらう。富士箱根ゲストハウスにとっての外国人客へのおもてなしとは、困っていることに対して見返りを求めないで手助けをすることで、過剰な要望に応えることではない。客の宿泊代を抑えるためにサービスを最小限にし、お金に換算できない思いやりを富士箱根ゲストハウスは外国人客に対し充実させたことで、評判を得た。

富士箱根ゲストハウスでの日本文化体験と交流

富士箱根ゲストハウスの共用スペース「国際交流ラウンジ」では、従業員が外国人客に折り紙や習字を教えたり、地域住民を招いて、茶道、華道、日本舞踊、剣道、空手など演技を披露したりする様々な日本文化を体験できるプログラムを無料で行い、地域の日本人との交流を促している。代表も可能な限りラウンジに顔を出し、時には酒を酌み交わし、客との触れ合いを楽しむ。宿泊客同士が仲良くなり一緒に観光地を周遊したり、帰国後もお互いの家を訪問し合ったりしあう交流も見られる。また、日本人のインターン大学生を受け入れ、朝食を外国人宿泊客と一緒にすることで国際交流を図っている［高橋、2017］。

富士箱根ゲストハウスでは、外国人客に、日本のローカルな飲食店での食事を体験し、地元の人との交流の場を広げてもらいたいとの思いから、あえて宿での夕食を提供せず、宿近隣の飲食店を利用してもらっている。地元の飲食店で英語が通じなかったなどの体験や失敗談は、日本文化や慣習に触れることや、日本人との交流を楽しみにしていた外国人客の思い出に残る。当初は外国人客の対応に困っていた飲食店の人たちも、小学生が作成した「外国人観光客向けマップ」に影響され、外国人客のために料理の写真を載せた英語のメニューを用意したり、送迎してくれたり受け入れに協力的になった［高橋、2017］。他にも、観光ガイドブックに掲載されていない地元の祭りや伝統行事を案内して、地域住民との交流を一緒に楽しむなど、地域ぐるみで外国人客をもてなす環境が醸成されている。

外国人客へのおもてなしは状況によって変わるため、富士箱根ゲストハウスで行うすべてのおもてなしが正しいと代表は考えていない。客と住民と従業員の三者それぞれが幸せを感じられるおもてなしを富士箱根ゲストハウスは目指している。こうした多様な外国人客に対し、富士箱根ゲストハウスではノウハウやテクニックに頼りすぎず、外国人客に真摯に向き合い、困っていることに手を差し伸べるおもてなしを基本としている。異国にやって来て、不安な気持ちの外国人客を友人として迎え入れる際に、困っていること、必要としていることを把握し、不便や不満を取り除くことで安心感を与えている。これまでの外国人客への対応の経験から、双方の文化の違いによって生じる問題もできる限り起こさない仕組みを整えている。富士箱根ゲストハウスでは、売上や利益追求のためのホテルチェーンなどとは異なり、国際交流、文化交流、教育交流のための宿と位置づけている。富士箱根ゲストハウスでのホームステイ感覚、お客様扱いしない遠来の友人に対する緊張させない心遣いとおもてなしは、外国人客にとって新鮮に感じると言う。外国人客は富士箱根ゲストハウスでの交流を通じて文化や考え方の違いを学び、母国へ帰る。それが口コミとなり世界各国から新たな外国人客が訪れ

写真5-4　宿坊対馬西山寺
（出所）宿坊対馬西山寺ホームページ.

る。富士箱根ゲストハウスでは宿泊代を抑えるために不要なサービスを省き、思いやりを充実させた結果、外国人客は日本人のおもてなしの心に感動し、リピーターとなったり、友人・知人に紹介したり、また、ＳＮＳや口コミサイトに投稿したりするなど、その積み重ねが評判となり、世界から客が来る人気の宿となった。

(4) 宿坊対馬西山寺[13]

宿坊対馬西山寺は、長崎県対馬の西山寺が経営する宿坊である。寺院の発祥は古く、８５７年に対馬の国司立野正岑の乱により国分寺が焼失し、翌年、国府嶽山麓に本尊大日如来を移して建立された大日堂（後に大日寺）が起源であり、１５１２年に「西山寺」と呼ばれるようになった。現在の宿坊対馬西山寺は、和室と洋室あわせて7室で、館内にＷｉＦｉも配備され、宿坊ならではの雰囲気に加え、座禅と写経体験を特徴とした、快適に過ごすことができる宿へと改装されている。宿坊対馬西山寺は、楽天トラベルの「訪日旅行（インバウンド）に人気の小規模宿ランキング」（２０１６年）の3位にランクインしたこともある。(14) 多くの宿泊客を受け入れつつ、宿の周囲には、万松院や対馬博物館など対馬の歴史を感じられる観光スポットも点在しており、対馬の観光パンフレットには、西山寺が散策ルートに組み込まれており、観光地としても人が訪れている。西山寺を維持するために、宿坊では住職自らも働き、家族で宿を運営している。

宿坊対馬西山寺の外国人客を受け入れの契機

西山寺では、1950年代より現住職の田中節竜の祖母が寺で下宿業を営んでいた。1973年に旅好きの現住職の父親が、当時、世界的に流行していたユースホステル運動に感化され、ユースホステル形式の宿泊業を始めた。当時の宿泊客は、大学のサークルの学生が多く、相部屋での雑魚寝で泊まっていた。2002年、長男である現住職が修行から西山寺に戻ったのを契機に、宿泊施設を増改築し、ユースホステルから「宿坊」へと業態を変更した。その後、九州にはほとんどない座禅体験をできる宿坊としてメディアや旅行会社のサイトでも紹介され、女性を中心に客が増え始めた。

2010年代に入り、韓国の釜山と対馬への船便が増便され、その2、3年後には宿坊対馬西山寺にも韓国人客が徐々に増え始めた。韓国人客は座禅体験をあまりしないものの、宿坊対馬西山寺での宿泊体験を韓国語でSNSや口コミサイトへ紹介するようになり、2018年の日本政府の韓国への規制によって日韓関係が悪化する前までは、ほとんどの客が韓国からの若い個人客であった。宿坊対馬西山寺は、Booking.com など海外のオンライン旅行サイトでも紹介され、新型コロナウイルス蔓延前までは、台湾、タイ、他の東南アジア諸国から、また、韓国在留のアメリカ人、ヨーロッパ人、日本人も訪れていた。

宿坊対馬西山寺の施設や部屋

現在の宿坊対馬西山寺は、1階に食堂、2階から4階にかけて宿泊部屋や共同風呂がある。部屋は和室（テレビ無し）2室、洋室ツイン（テレビ・バス・トイレ付）3室、洋室ダブル（テレビ・バス・トイレ付）1室、和洋室（テレビ・トイレ付）1室の3タイプ5種類7室である。元々の宿坊だった古い部屋を改装した和室は共同の風呂とトイレであり、寺の裏手の勾配に新しく洋室を増築した。宿坊の1階は薪ストーブを設えたモダンな和の空間の食堂となっており、ここで食べる精進料理風の朝食が好評である。西山寺と宿泊施設は併設されており、座禅や写経体験などで往来が可能である。

宿坊対馬西山寺の外国人客へのサービス

宿坊対馬西山寺は、宿坊であるため日本人も外国人も同様に、宿泊客によるセルフサービスを基本としている。一方、館内には階段が多いので、客の状況に応じてチェックイン後に荷物運びを手伝うなど親切な対応を心掛けている。宿坊対馬西山寺では、宿坊にありがちな門限や早朝の座禅などの縛りをなくし、宿泊客の自由度を高めている。外国人客が増えるにつれ、宿坊対馬西山寺でも文化の違いによるマナーの悪さが目立つようになってきた。そこで館内には、外国人客がよく間違えたり、戸惑ったりする箇所には英語や韓国語の注意書きを貼るようにしている。また、韓国人は冬の寒さを床暖房のオンドルで温まっているため、冬の宿坊は寒いと言う。宿坊対馬西山寺では室内のエアコンの温度調整を最大限にして、寒さに対応している。

宿坊対馬西山寺の外国人とのコミュニケーション

宿坊対馬西山寺の住職は外国語が得意ではないが、外国人の受け入れに抵抗は全くなかったと言う。外国人客とのコミュニケーションは簡単な英語で一連の業務を行っている。また、韓国人は日本語がなんとなくわかることもあり、場合によっては、スマートフォンの翻訳アプリを相互に活用している。外国人客を受け入れ始めた当初は、一部の韓国人客が夜に騒ぎだし、日本人客からクレームを受けたことも度々あったが、そうした文化や慣習によるマナーの違いは、韓国語での注意書きを用意した。外国人客へ親切かつフレンドリーに接し、写真を撮りあったりした画像や体験がＳＮＳで拡散されるようになり、宿坊でありながら、そうした優しい対応をする宿としても知られるようになった。

２０１８年に日本政府の韓国への規制が始まり、韓国から日本への観光客が減りはじめた。そこに新型コロナウイルスが追い打ちをかけ、さらに対馬への客が減り、対馬自体も衰退している。これまで宿坊対馬西山寺では、宿のことを積極的に発信してこなかったが、「楽天トラベル」や「じゃらん」のセールを通じてアピールするなど行った。宿坊対馬西山寺の住職は、外国人や日本人分け隔てなく宿坊に来てもらい、静かな自然環境の中で寺の雰囲気を味わってもらいたいと考えている。また、多くの人に座禅や写経を体験して、自分自身を見つめ直し、忙しい日々に心の余裕をもってもらいたい、特に学生には宿坊での宿泊を通じて対馬の魅力とともに、朝鮮半島との歴史を知ってもらいたいと考えている。

写真5-5　京町家 楽遊 堀川五条
（出所）京町家 楽遊 堀川五条 Twitter.

（5）京町家　楽遊　堀川五条[15]

京町家　楽遊　堀川五条は、大正・昭和初期の京町家を新築で再現し、2016年に創業した、老舗の多い京都の宿泊業では比較的新しい木造2階建て11部屋の小宿である。京都への観光需要が高まり、京町家　楽遊　堀川五条の宿泊客の収容能力をはるかに超えたため、2018年に京町家　楽遊　仏光寺東町を開業し、2020年には京町家　楽遊　堀川五条を7部屋増築した。Tripadvisorの「外国人に人気の日本の旅館　2020」では、京町家　楽遊　堀川五条が2位、京町家　楽遊　仏光寺東町[16]が11位にランクインした人気の宿である。堀川五条は京都市の中でも市民が暮らす普通の住宅街であり、京都の主要な観光スポットへは地下鉄やバスを利用して行く。伝統の京町家を再現した京町家　楽遊　堀川五条では、京都の町中で暮らす気分で滞在でき、朝食は京野菜の漬物、人気ベーカリーのパンなどが提供され、夜は昔ながらの銭湯での入浴を楽しむことができる。新型コロナウイルス蔓延以前の京町家　楽遊　堀川五条の客層は7～8割が外国人であり、国別では中国からの客がもっとも多いものの、全体的にヨーロッパ地域の国からの客が多く、教員、デザイナー、金融など様々な職業の個人旅行客が主である。京町家 楽遊 堀川五条の客は、中国人もヨーロッパ人もリアルな京都を求める点で似ており、日本人や台湾人など他のアジア人客は精力的に観光地を回る傾向がある。京町家 楽遊 堀川五条の典型的な客のタイプは、京都の昔ながらの家宅でのんびり寛ぎたい外国人客が中心である。そうした外国人客は、自国でも少なくなっている木造建築の温かさ、祖父母が住んでいた長屋の懐かしさ、レトロ感を求めて京町家 楽遊 堀川五条を探し出し宿泊する。京町家 楽遊 堀川五条に初回はカップルで来訪し、気に入ると次からは家族を連れて、再び訪れる外国人客もいる。

京町家 楽遊 堀川五条の外国人客の受け入れのきっかけ

京町家 楽遊 堀川五条は、当初より外国人客向けの宿を意識して開業したが、今では日本人も京都の京町家独自の異文化を楽しめる宿となっている。京町家 楽遊 堀川五条のオーナーは、インバウンド向け広報やツアーのコンサルティングやマーケティング会社を経営しており、台湾をはじめ海外の外国人向け日本語サイトを運営していた。オーナーは、タイのゲストハウスに出資していたこともあり、日本での宿泊業にも注目していた。京町家のオークションで現在の京町家 楽遊 堀川五条があった土地を入手し、旅館建築を京町家再生のスペシャリストでもある設計士に依頼し、サイズや間取り、意匠などできるだけ昔ながらの京町家の家屋を忠実に再現した。そうして、朝は京都名物の漬物やパンを中心とした朝食、昼は観光地巡り、夜は向かいの銭湯の電気風呂に入り、和室で布団を敷いて寝るといったリアルな京都を体験できる宿として、外国人客向けに特別なサービスやマーケティングをしていないにもかかわらず、外国人客に人気の宿となった。

京町家 楽遊 堀川五条の部屋や施設

京町家 楽遊 堀川五条は、和室が1階に3部屋と2階に8部屋の計11部屋、1階に朝食を食べる土間のロビーや寝転んで寛げる小上がりのスペースがある。朝食を食べたり、寛いだりできる1階のロビーには、多言語の京都観光のパンフレットの他、自由に使えるパソコンが1台、セルフサービスのコーヒーやお茶、部屋に持ち込める備品やアメニティがおいてある。そのロビーの外には小さいながら寸庭（中庭）が整えられていて、京都に来たことを感じさせる。京町家 楽遊 堀川五条では、外国人客に本来の京都の生活を体験してほしいとの思いから、出来る限り100年前の京町家の姿を再現している。一方で、ユニットバスを設計に組み込み、宿泊客の快適さを保証している。全11室は昔ながらの小さい畳の和室、戸口の高さは180センチ程といった規格が、昔の京都人の暮らしを感じさせる。和室にはちゃぶ台と座布団があり、押し入れには布団や作務衣などが備えられている。和室の畳で外国人の子どもは寝ころび、大人は家具を自由勝手に柔軟に動かせる点が好まれている。全室ユニットバス・トイレを備えているものの、入浴はフロントで提供される無料入浴券をもって、向かいの銭湯を楽しむ客が多い。なお、その銭湯は入れ墨を禁止していないため、タトゥーをした外国人が断られることはない。

京町家 楽遊 堀川五条での外国人客へのおもてなしやコミュニケーション

京町家 楽遊 堀川五条では、「外国人客に本物の京都を体験してほしい」との思いから、朝食に有名店の京都名物の食材を提供している。地元住民が誇る京都名物である漬物と豆腐のほか、地元の有名ベーカリーのパン、だし巻き卵、ご飯とみそ汁といった朝食メニューが京町家 楽遊 堀川五条の定番である。コロナ禍で宿泊客が少ない日には、前日に朝食のパンの中身のリクエストをイラスト入りの注文シートに記入してもらい翌日提供する。長期の宿泊客には3日目の朝食の際に、何かほかに食べたい物はないかを尋ね、4日目からの朝食にその客がリクエストした食材を追加することもある。外国人客は各国の長期休暇、バカンスに合わせて連泊してくれるため、2泊目以降のチェックイン時の宿の説明や部屋の入れ替えが不要であり、1泊中心の日本人客よりも運営しやすいと言う。

京町家 楽遊 堀川五条の向かいには銭湯（五香湯）がある。京都は現在でも銭湯が多く、銭湯は住民の生活の一部となっている。京町家 楽遊 堀川五条では、外国人客にも日本独自の銭湯を体験してほしいと思い、銭湯の入り方や入浴ルールを示した図入り英文の説明シートを用意している。銭湯に興味はあるが、入る勇気がない外国人客には、従業員がその銭湯の着替え場まで案内することもある。銭湯の入浴方法や朝食パンのリクエストなどの他、図解入り英文説明シートは、部屋で布団を敷く際、その手順を英文で図示して説明するとともに、布団を敷くのは自分自身か、従業員か、また、布団の厚さを選べるなど外国人客へ応対する様々な状況で活用されている。

外国人客に対して従業員は過剰なサービスを行わずに、客に自分でやらせることで日本人の日常生活を体験してもらう。例えば、外国人客に自分自身で布団敷いてもらったり、冬は、使い捨てカイロをそのまま渡して自分で貼らせたり、なるべく外国人客自身で何事もしてもらうことを促している。外国人客が出来なかったり、戸惑っていたりする場合は、従業員が手伝い、外国人客に日本の生活の体験や発見してもらうために、あえてサービスをやりすぎないよう意識している。

京町家 楽遊 堀川五条の従業員

京町家 楽遊 堀川五条の従業員は、統括マネージャー1名、サブマネージャー3名の4名が核となり、昼は主婦や学生、夕方や夜勤は学生のアルバイトが中心で、外国人客との応対のために英語が十分できる人材を採用しているわけではない。先述の図入り説明シートの英語版や客室ファイルの多言語の記載、外国人客と対応する際の英語のセリフ（ロールプレイ）をあらかじめ用意するなど外国人とのコミュニケーションを体系化することで対応している。一方で、年齢や経験にかかわらず、英語ができる従業員には学生アルバイトでも、外国人客のチェックイン業務を担当してもらうことがある。京町家 楽遊 堀川五条では、従業員の役割や担当を分担や専門化せず、チェックイン、部屋の案内、朝食、チェックアウトなど一連のあらゆる接点で、その場にいる従業員が接客に携わり、従業員全員が客と触れ合う機会を増やしている。外国人観光客がその国で最初に話す人が宿の従業員であることが多い。宿泊先で従業員と話す際、それぞれ別の人が担当したとしても、すべての日本人従業員に親切にされると外国人客は安心すると言う。

京町家 楽遊 堀川五条の従業員は、外国人客の応対に慣れてくると、むしろ日本人客相手の対応を難しく感じるようになり、当日の宿泊者リストに日本人がいると身構えると言う。外国人は自分の要望をはっきり言ってくるが、日本人は言わないため暗黙的な要望を察しなければならない。これまでも京町家 楽遊 堀川五条では、日本人客が言わない要望を察することができず、悪い口コミが投稿されたことがあった。また、外国人客は、ゼロの状態から何か良いことがあったり、されたりするとプラスになる加点法に対し、日本人客は、例えば、部屋に髪が落ちていたらマイナスといった減点法の評価のため、特に懇切に世話をしてあげなければならないと思い、気をつかう。日本人客に余計なことを言って怒られてしまわないよう緊張しながら、より丁寧に接する従業員もいる。

京町家 楽遊 堀川五条では、宿泊客への要望や対応について、サブマネージャーは一人2000円まで自らの判断で決済できるよう権限移譲を行っている。例えば、宿泊客から朝食のメニューにはないヨーグルトがほしいという要望があったら、近所のコンビニエンスストアで買ってきて提供するなど、それぞれの客に合わせた個別対応をしている。京町家 楽遊 堀川五条の従業員は、客の要望を察する力を、このお客様はこの状況で何を望んでいるのか、といったそれぞれの状況における現場での対話による実務やシミュレーションによって従業員に身につけさせている。こうして京町家 楽遊 堀川五条では、従業員による接客、食事、掃除などのあらゆる客との接点を通じて外国人客に安心・安全してもらうことを目指している。

低価格ながらもTripadvisorの「外国人に人気の日本の旅館 2020」にもランクインした京町家 楽遊 堀川五条は、京町家を忠実に再現した宿で、外国人客はその和室では寛ぎ、夜は向かいの銭湯でリラックスして、朝は京都名物をふんだんに使った朝食を堪能できるといった昔ながらの京都の生活を疑似体験できることが魅力である。京町家 楽遊 堀川五条では、外国人客をよく知った従業員が

写真5-6　白保フレンドハウス
（出所）白保フレンドハウスホームページ.

もてなしてくれ、フレンドリーに何でも相談に乗ってくれる。マネージャーは、従業員に安心して働いてもらえるよう、仕事を難しくせず、また、仕事で手一杯にならないよう常に注意している。仕事で疲れ切った状態で、笑顔で客を迎えるのは厳しい。従業員が仕事に余裕を持つことで、客に集中し、自然と客に親切に対応することができると言う。また、良いことをした従業員には褒めるようマネージャーは心掛けている。このように努力した結果、京町家 楽遊 堀川五条は、外国人客が京都で安心して泊まれる宿として評判になった。

(6) 白保フレンドハウス[17]

白保フレンドハウスは沖縄の石垣島の白保にある2階建て5室の小さなゲストハウスである。白保は石垣島の中心街からは離れているが、新石垣島空港からはバスで10分程度の人口約1600人の集落である。サンゴで有名な観光地の白保海岸から徒歩3分の地に白保フレンドハウスはある。白保フレンドハウスに宿泊すると、客（ゲスト）ではなく、友（フレンド）としてもてなされる。2階建ての年季が入った民家を改装した建物は2009年に宿泊施設としてリニューアルされ、宿のオーナーの山田博明（通称、ヒロさん）を慕い、国内外から長期宿泊する客やリピートして度々訪れる客が多い。白保フレンドハウスでは、石垣島の自然と観光を知り尽くしたオーナーが客の要望や意向を聞き、他にはない様々なツアーを提案している。

白保フレンドハウス開業と外国人客を受け入れの経緯

白保フレンドハウスのオーナーは、大学在学中からアルバイトで旅行費用が貯まるとアジアを中心に海外に旅立つバックパッカーであった。大学卒業してからも、大学在学中から始めたバックパッカーを計5、6年続けた。27歳の時、大学の先輩に誘われたビジネスソフトの会社に3年ほど勤めた後、30歳頃から関東でホテルマンをしていた。37歳の時、沖縄出身の祖父の子ども兄弟が共同所有していた石垣島の一軒家を任されることになった。これまでの世界を周遊してきた海外旅行の経験から、自分自身が異国の地でどのように接して欲しいのか、自分自身が旅で感じた思いを旅行者に提供する宿を実現しようと思った。オーナーが旅していた頃のインターネットが普及する以前は、『地球の歩き方』や口コミ以外、どこに行けばよいのか、現地の人に聞くしかなかった。しかしながら、多くの宿の人は親切でなく、そうした現地の情報を教えてくれなかったことに不満を抱いていた。そこでオーナーは、初めて石垣島に来た人に旅を楽しむ情報を発信する新しい旅行の提案をしたいと思い、半年の準備期間を経て、2009年末に白保フレンドハウスをオープンした。

開業当時、日本ではインターネットを通じて集客する時代ではなかったが、海外では大手のオンライン予約サイトがいくつか存在していた。そこで白保フレンドハウスをBooking.comやAgodaに掲載したところ、沖縄本島を訪れた外国人客が経由して石垣島を訪れようになった。その後、2012年に新石垣島空港（南ぬ島石垣島空港）がオープンし、香港からの航空会社をはじめ他のアジア諸国からも石垣島への直行便が運航されるようになった。それらの国々の外国人客が、オンライン予約サイトに掲載されていた白保フレンドハウスの評価や口コミを見て、来るようになった。すぐに白保フレンドハウスはExpediaで毎年続けて石垣島の顧客満足度1位の宿となり、アジア旅行ブームが起きていたヨーロッパ、特にフランス、ドイツ、イタリアから、造られたリゾートではなく、ありのままの自然とホステルが好きな外国人客が集まるようなった。コロナ禍前の白保フレンドハウスでは、石垣島に日本人観光客があまり来ない11～2月の冬の閑散期には8～10割が外国人客となり、年間を通じて満室になる人気の宿となった。

白保フレンドハウスの部屋や施設

白保フレンドハウスが民家だった元々の築年数は不明だが、宿泊施設として2009年にリフォームした。2階建ての1階にはフロント・ロビーと和室の共用スペース、共同キッチン、部屋がある。フロント・ロビー奥の共同キッチンには、宿泊者も使える冷蔵庫の他、料理道具や食器、調味料まである。宿泊客はフロント・ロビーで決まった時間にセルフサービスでコーヒーやお茶を飲みながら寛げる。夕方になると、フロント・ロビーに宿泊客や従業員、時にはオーナーの知り合いの島民が飲み物やつまみを持ち寄って集まり、夜な夜な語り合う。フロント・ロビーの前にある小庭でバーベキューを楽しむこともある。フロント・ロビーの横には、外国人が思う古き良き昭和時代の日本の居間を再現した畳の和室の共用スペースがあり、そこで語らいを楽しむこともある。宿泊場所は1階と2階に5部屋あり、そのうち2室は男女別の相部屋、3室は広さの異なる個室である。湯船ではなく、共同の男女別のシャワーとトイレがある。白保フレンドハウスから徒歩数分の離れた別棟にはドラム缶風呂がある。白保フレンドハウスには屋上があり、そこに安価でテントを張って宿の設備を使いながら宿泊することもできる。これらの施設内や廊下には様々な注意が英語と日本語で記載されている。長期滞在者用に洗濯機、2階にもキッチンや冷蔵庫などある。オーナーの海外旅行の宿泊した宿内で電気のスイッチの位置が分からなかった経験から、白保フレンドハウス館内はセンサーライトが至る所に設置されている。

白保フレンドハウスの客層

白保フレンドハウスに訪れる宿泊客の出身国は様々で、コロナ禍前に記録を取っていた頃には、延べ100カ国近くから客を迎え入れていた。ドイツやフランスからの客によると、昔の親世代は皆日本に来たがっていたが、地方の民宿など全く英語が話せないため情報もなく、予約さえとれず行けなかったと聞く。現在では、インターネットで情報を入手し、多言語のオンライン予約サイトで予約がとれるようになったため、白保フレンドハウスにも様々な国から外国人客が来るようになった。白保フレンドハウスの外国人客の出身国は様々であるが、ほとんどの客はある程度の英語ができ、これまで英語が全く通じなかったのは2組だけであった。

宿泊料が安価な白保フレンドハウスには「金がなくとも何とかなる」と考え、行動的な外国人客が訪れる。本当にお金がない貧しい外国人旅行者に、食事を提供することが年に1~2人程ある。異国で困った外国人を助けることは当然で、自分がお金のある時にできることをしたいと考えるオーナーは、「礼は要らない。母国で日本人が困っているときに助けてくれれば、それが御礼だ」と言って、外国人旅行者を無償で世話することもある。また、お金はないが日本語のできる外国人宿泊者には、簡単な短時間労働の対価として食事と宿泊場所を提供するフリーアコモデーションを行っている。観光ビザの外国人旅行者には働いた対価として、お金を支払うことができないため、白保フレンドハウスでは、お金がない外国人旅行者であっても様々な旅の機会を提供している。

白保フレンドハウスでの外国人客へのおもてなしとコミュニケーション

オーナーは、自分が異国の旅先で困ったことについて、日本で外国人客を助けてあげることが白保フレンドハウスのおもてなしと考えている。日本を旅している不安な外国人客にとって、自分が日本人の代表として、日本人の第一印象となる。なぜなら、外国人客と接する際に不躾な対応をして、日本人は不親切で嫌な国民として見られたくないためである。

白保フレンドハウスでの外国人客とのコミュニケーションはすべて英語であり、館内での注意書きなども日英表記である。白保フレンドハウスで働くアルバイトの採用条件として、片言でも英語ができること、少なくとも2、3カ国を旅したことがあることの2つである。第一の条件である基本的な英語を話せることについては、2022年現在のコロナ禍で日本語を話せない客がほとんどいなくなったこと、また、スマートフォンなどの翻訳アプリがあればたいていの英語でのコミュニケーションは何とかなるため重要度は下がっている。むしろ、海外を旅したことの条件については、異国で外国人客が何に困っていて、何をしてもらえばうれしいのかを察し、理解することが白保フレンドハウスで働く上で重要となる。

白保フレンドハウスでは、外国人客のためだけの特別なサービスはしていない。それぞれの外国人客に合わせたサービスをするよりも、日本のやり方を説明し、それに従ってもらうことを基本としている。一方で、日本人客だったら放っておくようなことでも、外国人客へは一声かける気遣いをしている。例えば、外国人客にとって、目的地に着くためにバスをどこで乗り換え、何行きに乗ればよいのか日本の公共交通機関は分かりづらい。そのため目的地を聞き、時刻表を含めた適切な行き方を教えるほか、公共交通機関では難しい目的地の場合には、地域の提携レンタカー屋を紹介し、予約を代行したり、あるいは車で送迎したりする。また、ムスリム、ベジタリアンやヴィーガンなど食べ物に制限のある外国人客には食べられる物、アルコールは飲めるかなどを聞いてから、その食に対応できる店に電話して料理の提供をお願いする。このように様々な外国人客へのおもてなしには多様性に配慮しているものの自分には分からないそれぞれの国や宗教のマナーがあるため、外国人客とのコミュニケーションをとり、確認している。(18) このように日本の文化・風習に従ってもらうことを基本としながら、それぞれの外国人客一人ひとりを尊重した思いやりが、白保フレンドハウスの優しさとして高い評価を得るようになった。

コロナ禍となり、白保フレンドハウスは2020年から2021年の2年間で宿泊客が8割減、新たなビジネスとして始めたSUP（スタンドアップパドルボード）などのマリンスポーツのレンタル業もほとんど客が利用しない状況になってしまった。これまで白保フレンドハウスに遊びに来ていた常宿客も「沖縄にコロナが蔓延すると悪いから行かない」と気を使い、来なくなってしまった。白保フレンドハウスは、これまで登録していなかった「じゃらん」や「楽天トラベル」など日本のオンライン旅行会社にも掲載し、2022年になってから在日外国人や日本人の客が戻ってきた。コロナ禍前、オーナーは、宿が忙しくなる前までは年1回は1カ月ほど、忙しくなってからも1週間から10日程は海外旅行に行っていた。石垣島にいても宿に外国人客がいるだけで外国に行っている気分になっていたが、外国人客が来なくなった現在では物足りなく、宿経営の楽しさが半減したとこぼす。一方で、海外に行きたくても行けない人が代わりに石垣島に来て、白保フレンドハウスに宿泊してくれるようになり、新たな出会いがある。

オーナーは、石垣島での宿経営を通じて、日本の観光政策が「質」より「量」になってきている現状を危惧している。石垣島でも大型リゾートホテルが開発され、そこに日本人客だけでなく、外国人客も宿泊し、町でのグルメやショッピングを楽しみ、石垣島の経済を潤している。石垣島には上場企業もなく、島民の所得は低く、かつ、主な産業が観光業のため収入が安定しない。そうした島の人々の生活を守るために経済を優先し、自治体がリゾートホテルを誘致するのは理解できなくはないが、一方で、石垣島の自然を守らなければならないとオーナーは語る。オーナーは、観光客には石垣島のありのままの自然に触れるとともに、地元の昔ながらの宿に泊まり、その従業員や他の宿泊客との出会いやコミュニケーションを楽しんでほしいと思っている。近年、高校を卒業して石垣島を離れ、都市部の大学を卒業して、就職した20代後半の若者が島に戻ってきて、大学や企業で学んだことや体験を島の活性化に活かそうと努力している姿に期待している。

3　外国人への「おもてなし」

本節では、外国人客に定評のある旅館やホテルの先進事例24宿のメタ分析、および、インタビューを行った6宿の調査結果を整理、比較、総括して、異文化の外国人客への「おもてなし」とそのマネジメントについて考察する。

(1)　訪日外国人客のための施策の分類

本章第1節において、「多言語対応」、「部屋」、「共用スペースの充実」、「他者との交流」、「日本体験イベント」、「食事」を、外国人客に評価されている旅館やホテルの特徴として先進事例24宿から導出した。これらの取り組みの特徴について、横軸に〝グローバル〟と〝日本ローカル〟、縦軸に〝ハード〟と〝ソフト〟として図示すると、**図5-1**のように分類できる。

まず、グローバル化のハードについて、宿内の表記を、英語、中国語、韓国語など多言語化することによって外国人客のストレスを軽減している例が見られた。近年では、インターネット翻訳アプリや自治体の行政サービスなど無料でサービスが手軽に利用できる。特に、日本人旅行者でもわかりづらい公共交通機関を使った宿へのアクセス、日本独自の温泉や風呂でのマナーなどは多言語で説明し

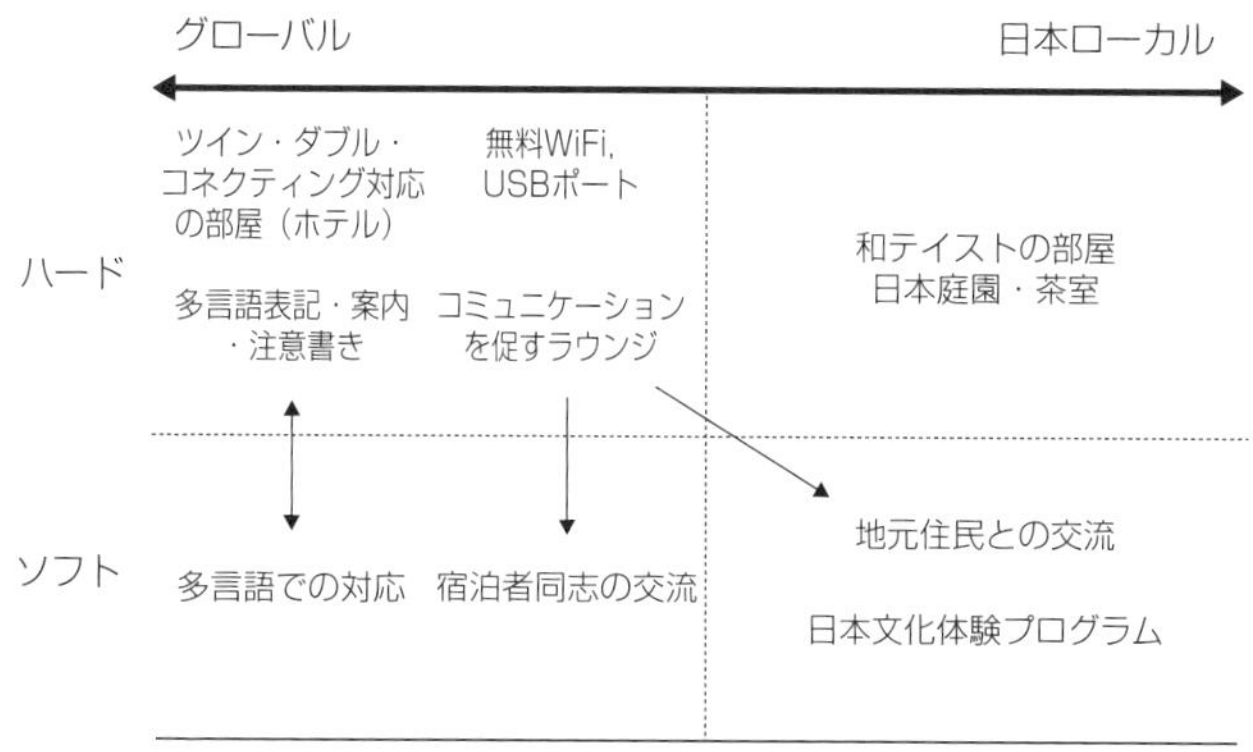

図5-1　宿泊業における外国人客への対応の取り組みの分類

ている工夫が見られる。また、部屋に関しては、ビジネスでの出張やバックパックなどの一人旅以外、複数人での旅行を楽しむことが多い外国人観光客は、ツインやダブルなどの広い部屋を好む。さらに、家族やグループ向けに隣室とのコネクティング対応の部屋を用意しているホテルもあった。部屋の限られた空間を有効活用するために、スーツケースや荷物をベッドの下に収納できるようベッドの足を高くしたり、バスタブではなくシャワーを部屋に設置したりする例も見られた。昨今のＩＣＴ化により無料ＷｉＦｉサービスは当然のことで、各部屋のＵＳＢ端子やユニバーサルコンセントの設置も外国人客のみならず、すべての宿泊客にとって便利である。グローバル化のソフトについても、外国人客が理解できる言語で対応することは重要である。そのため、外国語のできる従業員の採用、外国語で一通りの実務対応を出来るようにする従業員への教育などの対策を行っている旅館やホテルが見られた。現在では、多種多様な翻訳端末が市販されており、そうした機器の活用も一考に値する。

日本ローカル化のハードについて、館内のラウンジや部屋、備品などを和風にするホテル、また、日本庭園を整備する旅館が見られた。日本ローカル化のソフトについて、茶道や着付けなど日本文化を感じることができる様々な体験プログラムを用意している旅館やホテルが見られた。また、ゲストハウスなど、1階のラウンジをカフェやバーとして、地域住民にも開放し、外国人客と地元の日本人とのコミュニケーションを促し、双方で異文化を楽しめる工夫をしている事例も見られた。なお、接客サービスについて、外国人宿泊客に対して特別なことを行っている事例は見られなかった。「庭のホテル 東京」〔月刊ホテル旅館編、2017c〕のように、あえて日本人と同じサービスを提供することにより、アットホームで自然な雰囲気を外国人客に感じてもらおうとする旅館やホテルも見られた。一方で、ムスリムやベジタリアンなど宗教や信条、国民性や文化によっては、ハードとソフトの全面にわたる特別な対応が必要となるが、その対応をしているホテルや旅館は多くない〔月刊ホテル旅館編、2017g〕。

（2） 外国人客受入れに関する旅館やホテルの先進事例24宿と本事例研究6宿の比較

前節の外国人客に人気の宿、山城屋、澤の屋、富士箱根ゲストハウス、宿坊対馬西山寺、京町家 楽遊 堀川五条、白保フレンドハウスへのインタビューと現地調査の結果を、本章第1節で概観した先進事例24宿の特徴である多言語対応、施設や部屋、おもてなしなどの観点から比較して表5－2にまとめた。その結果を踏まえ、外国人客が満足する宿の特徴について考察する。

表5-2　外国人客受入れに関するホテルや旅館の先行事例24宿と本事例研究６宿の比較

	先進事例の旅館やホテル	本事例の６宿
外国語対応	・外国語の出来る人材の採用	・外国語を流暢に話せる従業員ではない ・宿泊業に特化した定型的な基本英語を業務を通じて修得 ・筆談や身振り手振り，無料翻訳アプリの併用
部屋や施設	・和風に装飾 ・広い部屋 ・充実したラウンジ	・日本の旅館や家屋をほぼそのまま活用
おもてなし	・外国人客にあわせたホスピタリティ ・異国にいる不便さ，不満の解消	・日本元来の仕来りに合わせてもらう ・友人として迎える家庭的なおもてなし

外国語での対応

先進事例24宿では、英語をはじめ中国語や韓国語など外国語が話せる人材を採用し、外国人客の応対を任せている旅館やホテルが多かった。一方、事例対象の６宿の従業員は皆、外国語が元々得意ではなかった。外国人客との対応は、チェックイン時の館内や部屋の案内、チェックアウト時の精算など宿泊業での一連の定型的な説明を基礎的な英語でこなしている。そうした基本的な宿泊業に特化した英語を、日常業務を通じて外国人客と繰返しコミュニケーションをとることによって、出来るようになった。それ以外の非定型な対応は、澤の屋の事例のように、大きな声ではっきりと基本的な英単語を使いながら、筆談や身振り手振りを交えながら対応している。海外から外国語のメールやＳＮＳでの問い合わせには、山城屋のように、あらかじめ英文で返答集を用意したり、無料の翻訳サイトを活用したりして応答している。また、ホームページや館内の案内や注意事項は英語を併記、あるいは多言語で表記したり、これまでの経験から、トイレの使い方、温泉や湯船の入り方、浴衣の着方など外国人客が間違えたり、戸惑ったりする箇所に注意書きを多言語で表記している。外国人客によく聞かれる近隣の施設、例えば、スーパーやコンビニエンスストア、レストランや食堂、金融機関、あるいは、観光スポットなどを英語併記した地図を用意し、チェックイン時に渡している宿も多かった。

部屋や施設

部屋や施設については、先進事例24宿の中の旅館やホテルには、外国人客を受け入れるために、従来の部屋を広く改装したり、和を装したりする例が散見された。一方、事例対象の6宿とも、無料ＷｉＦｉや和式の共同トイレから男女別の洋式へ改装するものの、元々の古い旅館や住居などをそのまま活用している。これらの宿では、風呂の湯船も個室ごとにしたり、大きくしたりするなど大規模な改装をせずに、富士箱根ゲストハウスや澤の屋のように入浴時間を区切って時間予約制にしている宿もある。また、京町家 楽遊 堀川五条は、各室にユニットバスを設けているものの、向かいにある銭湯の無料券を配布して、あえて日本の銭湯を体験することを勧めている。大きくない鄙びた湯船に浸かり、和室で浴衣を着て寛ぐ体験こそが、外国人客にとって新鮮であり、日本の風情を感じる。

ラウンジなど共用スペースに関して、もともと宿内にあった居間のようなスペースを活用し、ソファーやテーブルを置いて、外国人客に寛いでもらう宿が散見された。ラウンジには、昭和時代の日本人が居間に飾るような置物や工芸品、外国語の無料パンフレットなどを置いて、お金をかけずに外国人客が日本人の生活や文化を感じられる工夫も見られた。澤の屋と富士箱根ゲストハウスは、ラウンジで、従業員や地域のボランティアが、茶道、華道、日本舞踊、剣道、空手などの日本文化を紹介する講習や演技披露を行ったり、日本の季節行事を体験できるイベントを催したりしている。また、宿坊対馬西山寺では御堂での座禅や写経体験、白保フレンドハウスではラウンジ前の庭先でバーベキューをして、客に喜ばれている。いくつかの事例研究の宿では、地域の祭りや伝統行事を案内し、地域住民との交流を促している。富士箱根ゲストハウスや澤の屋のように、宿近隣の飲食店も外国人客の受け入れに理解を示し、料理の写真を載せた英語のメニューを準備するなど、地域でもてなそうとする動きも見られた。

外国人客へのサービスやおもてなし

先進事例として取り上げた24宿の中のホテルや旅館でも、ラウンジで外国人客同士や他の宿泊客、地元の住民との交流を促したり、また、日本文化を体験するイベントを催したりするなど、外国人客に喜んでもらうための様々な取り組みをサービスの一環として行っている。食事に関しても提供時間、種類や食材を客に合わせるなど外国人客にとっての不便や不満を解消する配慮が随所に見られた。一方、本事例対象の6宿に共通した特徴として、外国人客には日本の宿の仕来りに合わせてもらい、むしろ、そうした異国での滞在中の不便な異文化体験を楽しんでもらおうとする姿勢が見られた。日本の宿に泊る際のルールや分からないことは説明するが、外国人あるいは客だからといって特別なことはしない。滞在中、何もなければ放っておき、過度な要望に対しては、出来ない旨とその理由をきっぱり言うが、何か困っていることがあれば、親身になって助ける。こうした友人や遠方の親戚を迎え入れるような気取らない家庭的なおもてなしが、逆に外国人客から高い評価を得て、高級ホテルや老舗旅館にはない心地よさを感じさせている。

4 宿泊業における外国人客への思いやり

こうした事例6宿の家庭的なおもてなし、すなわち、昔ながらの家族が遠縁の親戚や友人を迎え入れるような気取らない接遇を本書では「思いやり」と定義する。低廉な小宿の思いやりは、1泊5万円を超えるおもてなしを提供する高級旅館と「お客様のために」といった気持ちは同じでも、その接遇のあり方は異なる。思いやりは、客は滞在中、気を遣わず放っておかれ自由気ままに過ごすことができ、何か困っていることがあれば、親身になって助けてもらえることが特徴である。こうした昔ながら家庭的な宿ならではの宿泊体験は、単なる宿泊機能を超えた外国人客にとっての魅力となっている。この家庭的な接遇、思いやりは、高級ホテルの洗練されたホスピタリティ、日本の高級老舗旅館の恭しいおもてなし、ビジネスホテルの過不足ないサービスとも異なり、日本人が元来もつ家庭的な温かさや親しさを外国人客は感じる。これら事例6宿では、お客様扱いされず、客一人ひとりに対し親身に世話をやいたもらった思いやりによって、宿の主人や女将などに見守られた、実家や友人宅にいるかのように寛げる評判の宿になった。思いやりとサービス、ホスピタリティ、おもてなしとの比較から、価格（低 - 高）およびグローバル - 日本ローカルの2軸で考えると、ビジネスホテルの「サービス」、高級ホテルチェーンの「ホスピタリティ」、高級旅館の「おもてなし」、家族経営の小旅館の「思

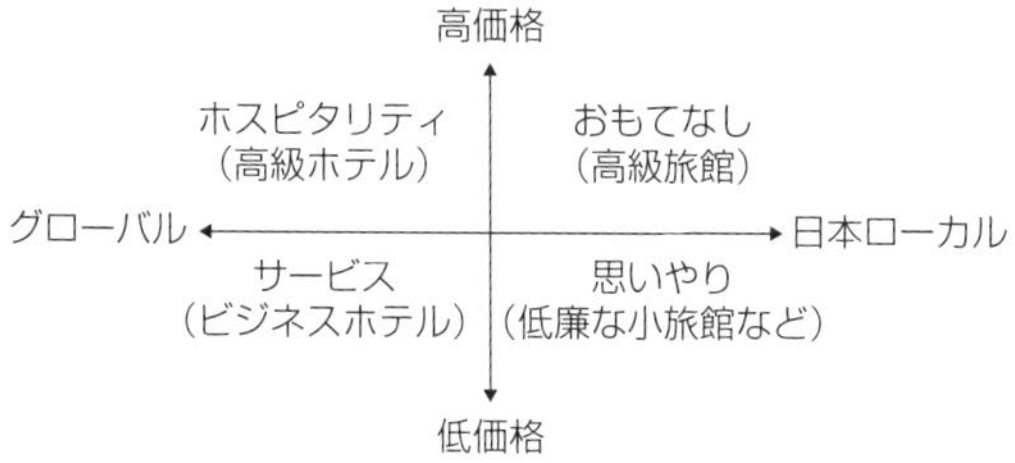

図5-2　宿泊業における外国人客への接遇の分類

いやり」を図5－2のように整理できよう。

この「思いやり」を、おもてなし、ホスピタリティ、サービスと比較すると、その要点を表5－3のようにまとめられる。

家庭的な「思いやり」とサービスは、どちらも経済的で簡素な接遇で共通している。違いとして、ビジネスホテルでは、過度なサービスを排除し、宿泊に必要なサービスに特化し、標準化・効率化による事業拡大を指向している。家族経営の小旅館の多くは、古い施設で少人数の働き手で必要十分なサービスを提供している。ビジネスホテルでのサービスはマニュアル化され定型的であるが、小旅館の思いやりはマニュアルにはない個性的かつ家族的な接遇が客や状況に応じて、しばしば行われる点でも異なる。

ホスピタリティと思いやりは、あらゆる客を受け入れようとする姿勢で共通している。世界中で事業を展開する高級ホテルチェーンの従業員は、あらゆる国、文化、価値観の客を温かく迎え入れ、グローバル化による拡大を可能にしている。家族経営の小旅館も、自分たちができる範囲で様々な客に合わせた接遇を行おうと努める。一方の相違点として、高級ホテルのホスピタリティは客の要望以上に対応することで高い評価が得られることに対し、小旅館の思いやりは日本の庶民的感覚や生活文

表5-3 「思いやり」とサービス，ホスピタリティ，おもてなしの比較

	「思いやり」と同じ特徴	「思いやり」と異なる特徴
サービス	お金をかけない簡素な接遇	標準化と効率化
ホスピタリティ	あらゆる人を受け入れ	グローバル化と事業拡大
おもてなし	日本文化・価値観を基層	きめ細かく恭しい接遇

化に根差した家庭的なざっくばらんでありながら、さり気なく温かい対応で喜ばれている。また、ホスピタリティは、客の過度な要望に対しも、できる限り応えようとするが、思いやりは、出来ないことははっきり出来ないと断る点でも異なる。

おもてなしと思いやりは、日本文化や慣習、価値観を基層とした接遇で共通している。おもてなしは、要望を明言しない日本人客の要望を察して、自分なりに客が何をしてもらえれば喜ぶかを考え、きめ細やかで親密な接遇をする。こうした接遇は日本の歴史・文化や価値観を、もてなす主人ともてなされる客が共有しているからこそ可能である。小旅館の思いやりでも、客が困っている状況を観察、察して、親身になって出来る限りの支援をする。一方、それらの接遇について、高級旅館のおもてなしは恭しく、きめ細かく品位がある一方で客との距離を感じさせるのに対し、小旅館の思いやりは家族的で親密、温かくもあるが気さくな点で異なる。

このような「思いやり」は、どのように創出されるのであろうか。事例対象の6宿が宿泊業を始めた動機は様々であるが、客に喜んでもらいたい思いは同じで、その思いを従業員と共有し、日々働いている。客と向き合う中で得られたフィードバックを基に試行錯誤を繰り返しながら、よりよい思いやりへと改善してきた。また、これらの主人や女将、オーナーやマネージャーのほとんど

は旅行を趣味としており、定期的に宿を休みにして、自分たちで旅行を楽しんでいる。そこで客として他の様々な宿泊施設に泊まり、サービスやもてなしを受け、そこの主人や客と話す中で、自分の宿にも取り入れたいと思う新たなアイデアが生まれると言う。こうした日々の改善と新たな気づきによっても、よりよい思いやりが創出される。こうして創出された思いやりの知識や技能は小規模経営であるがため、価値観、経験を共有する家族、あるいは気の知れた友人や地元の住民でもある従業員内で引き継がれ蓄積される。こうした経験と対話によって得られた知識は彼（女）らの思いとともに、現場の従業員に共有され、その宿のルーティーン業務として定着する。それが他の模倣や代替困難な顧客への価値となり、持続的な競争優位性をもった「思いやり」になったと考えられる。こうした宿は、会社組織の大旅館やホテルとは異なり、過度な集客や拡大を行う誘因もなく、理念に基づいた長期的視野に立った経営が可能である。他との競合ではなく、純粋に「客に喜んでもらいたい」といった理念の追求が、他にはない独自の家庭的な思いやりとなった。こうした各宿の思いやりは、旅行雑誌、オンライン旅行会社の口コミサイトやSNSによって世界からの外国人客の評判となった。

本章では、外国人客の受け入れを積極的に進めている旅館やホテルの先進事例24宿の特徴を整理した上で、特に外国人客から高い評価を得ている、山城屋、澤の屋、富士箱根ゲストハウス、宿坊対馬西山寺、京町家 楽遊 堀川五条、白保フレンドハウスの6軒の宿泊業者の事例を概観した。それらの事例を分析、比較した結果、①古い和室や施設をほぼそのまま活用、②外国人客が戸惑う要所に多言語による館内表示や案内、③宿泊業に必要な基本的な語学力と外国人客の非定型な要望に対応できるコミュニケーショ力、④日本文化の体感や地域との交流、⑤安心できる家庭的なおもてなし（思いやり）、などが外国人客に喜んでもらうために肝要と言えよう。換言すると、財源の乏しい小旅館が外国人客を受け入れるために、流暢に外国語を話す従業員、大規模な改装や設備投資を無理に準備する必要はない。仮に、日本人が海外に旅行し、従業員は流暢な日本語で対応、部屋は和室、食事は和食だったらどのように思うであろうか。日本を旅する外国人観光客が宿泊した宿で、従業員が得意でない英語で一所懸命説明してくれ、家庭的で親切なおもてなしで応対してもらい、鄙びた湯船に戸惑いながら初めて入った後、和室の部屋で浴衣を着て布団に入って寝る異文化体験こそが魅力である。こうした考察を踏まえ、小旅館が外国人客を受け入れるための対応として、洋式トイレへの改装、無料ＷｉＦｉ、チェックインとチェックアウト、日本の宿泊施設独自の慣習について基本的な外国語での説明や掲示などで不安や不満を解消し、日本の伝統文化や風習の体験、地域交流、家庭的なおもてなし（思いやり）によって満足度を高めるアプローチが検討に値する。外国語のできる人材の採用や大がかりな施設の増改築でなく、それぞれの宿の実情に合わせた創意工夫を行い、外国人客に日本の家庭に遊びに来たようなおもてなしや日本人の生活を体験してもらい、満足してもらう。その根底にあるのは、外国人客を友人や遠い親戚のように受け入れようとする「思いやり」ではなかろうか。ビジネスホテルの過不足ないサービス、高級ホテルの洗練されたホスピタリティ、高級旅館の恭しいおもてなしとは異なり、思いやりは、日本の家庭的な気取りのない接遇によって、客にとってあたかも遠縁の親戚や友人宅にいるかのように、温かく寛げる感覚が魅力である。その旅館の主人や女将、オーナーやマネージャーの考えによって異なる「思いやり」は、宿独自の特徴にもなっている。本事例の6宿は、そうした主人や女将の「客に喜んでもらいたい」と考え、日々もてなしてきた客からのフィードバックを愚直に聞いて改善すると同時に、自ら他の宿泊施設に訪れ、そこで得た新たな知識を自分の宿に取り入れ、応用と実践を重ね、試行錯誤しながら、学習、修正して行った。そうした学習行動で得た知識は、理念や価値観を共有した従業員間での移転が容易だが、他者は模倣困難な独自性となる。外国人客に日本の宿に泊まる上でのルールや基本を守ってもらう一方で、日本人の価値観を押し付けず、文化や慣習の違いに柔軟に対応し、相手の立場を心から思いやる。異国から来た不安な気持ちの友人を迎え入れるように、外国人客の不便や不満を取り除くことを優先した結果、安心して寛げる評判の宿になったと考察できる。

注

（1）国土交通省観光局（https://www.mlit.go.jp/kankocho/siryou/toukei/in_out.html）２０２２年9月9日アクセス。
（2）日本政策金融公庫総合研究所（２０１７）「インバウンド（外国人観光客）の受入れに関するアンケート」（https://www.jfc.go.jp/n/findings/pdf/sme_findings180115.pdf）２０１９年8月25日アクセス。
（3）訪日ラボ「インバウンド誘致に出遅れる旅館：いますぐやるべき6つのインバウンド対策とは？」（https://honichi.com/news/2017/11/01/ryokanxinbound/）２０１９年8月25日アクセス。
（4）「リッチモンドホテルプレミア浅草インターナショナル」の外国人従業員は、日本人従業員と同じ接遇研修を受けている。また、観光案内システムを使用して、外国人客へ最適な観光ルートを案内している［月刊ホテル旅館編、２０１６b］。
（5）食事の他にも、特定の宗教の客に配慮したホテルや旅館の工夫や取り組みも見られる。例えば、イスラーム教徒のために、「シャリアホテル富士山」の各部屋には、メッカの方向を指すキブラを設けられ、礼拝室も備えられている［月刊ホテル旅館編、２０１７g］。「からくさスプリングホテル関西エアゲート」では、コンパス、礼拝用のマットを貸出用品に用意し、ロビーのバリアフリー・トイレには、ムスリム客向けに専用の足洗い場を設置している［月刊ホテル旅館編、2017f］。「サクラホテル幡谷」でも祈禱室を用意し、ハラル専用の冷蔵庫と冷凍庫を設置している［月刊ホテル旅館編、2017h］。

（6） 事例6宿の宿泊料は、1泊2食付きの山城屋以外は1泊1万円未満である。

（7） 2020年10月30日に「山城屋」代表の二宮謙児氏と女将へインタビューを行った内容を二宮［2017］で補足した。

（8） 調査［二宮、2017］によると、韓国旅行者が山城屋を知ったきっかけは、①ネイバーブログ（51％）、②ネイバーカフェ（16％）、知人・友人（7％）、韓国OTA（26％）である。

（9） 2020年11月14日に「澤の屋旅館」代表の澤功氏へインタビューを行った内容を安田［2010］で補足した。

（10） 1991年には澤の屋をモデルにした「外人宿のおカミさん」というドラマが放映された。

（11） 2020年11月13日に「富士箱根ゲストハウス」代表の高橋正美氏と女将へインタビューを行った内容を高橋［2017］で補足した。

（12） 澤の屋と富士箱根ゲストハウスの主人たちは懇意にしており、日本に到着した外国人客が澤の屋に宿泊し、澤の屋で日本の宿の仕来りを学んだ後に、富士箱根ゲストハウスに宿泊する客もいる。

（13） 2022年6月4日に「宿坊対馬西山寺」住職であり主人の田中節竜氏へインタビューを行った内容をもとにしている。

（14） 『和空』修行と宿坊のポータルサイト（https://wa-qoo.com/news/news160920/）2022年9月5日アクセス。

（15） 2022年6月17日に「京町家 楽遊 堀川五条」マネージャーの山田静氏へインタビューを行った内容をもとにしている。

（16） 新型コロナウイルス蔓延により外国人観光客の訪日がなくなり、やむを得ず2021年末、京町家 楽遊 仏光寺東町を休業した。

（17） 2022年7月1日に「白保フレンドハウス」オーナーの山田博明氏へインタビューを行った内容をもとにし

ている。

(18) 白保フレンドハウスのオーナーはバックパッカーの時代から、外国人との会話でタブーとされている宗教や政治の話を意図的にして、議論をすることで相手や国を理解してきたと言う。

6章 「おもてなし」の向こう側

近年、新たに開業するホテルには、海外ブランドの高級ホテルと比較的低価格帯の宿泊特化型や宿泊主体型のビジネスホテルの二分化〔徳江、2019〕、旅館においては上質な施設や空間、きめ細かいおもてなしを特徴に計算しつくされ洗練された高級旅館が話題になっている。それらの業態に当てはまらない従来の家族経営の小旅館の多くは厳しい経営状況にある。こうした経営の厳しい小宿は、日本の人口が減少、少子高齢化が加速し、2022年9月現在でも新型コロナウイルスにより訪日外国人観光客の戻りが見えない中で、今後どのようにマネジメントすれば良いのか模索している。本書は、宿泊業が儲けるためのハウ・トゥー（方法論）について論じてはないが、そうした小宿が本来のおもてなしとそのマネジメントの意義について再考する契機となれば幸いである。本章では、各章の要点をまとめるとともに、序章であげた課題に対する筆者の見解を述べる。

2章「『おもてなし』とは何か——利他とさりげなさ——」では、サービスやホスピタリティとの比較を通じて、本研究における「おもてなし」の概念を再考した。「おもてなし」は、提供者の考えや状況によって、その実践形態も異なるために、提供者や論者によっても定義が曖昧な概念である。この

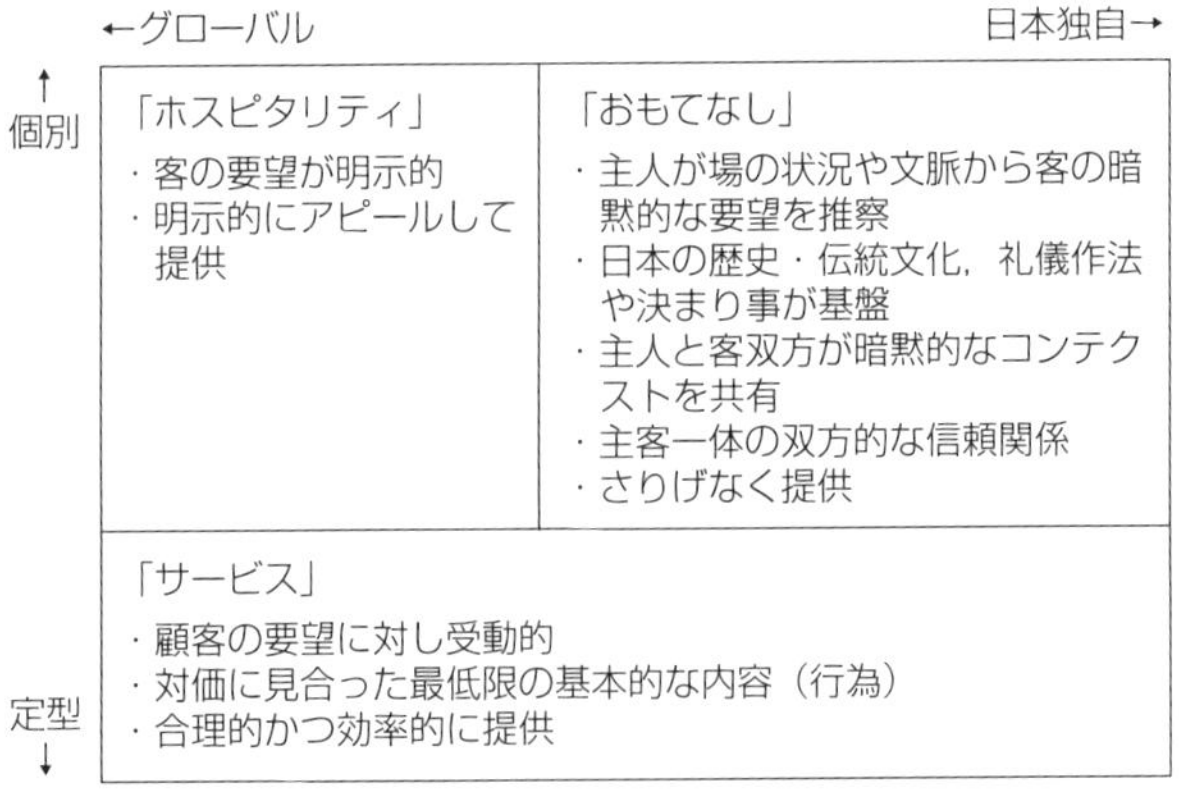

	←グローバル	日本独自→
個別	「ホスピタリティ」 ・客の要望が明示的 ・明示的にアピールして提供	「おもてなし」 ・主人が場の状況や文脈から客の暗黙的な要望を推察 ・日本の歴史・伝統文化，礼儀作法や決まり事が基盤 ・主人と客双方が暗黙的なコンテクストを共有 ・主客一体の双方的な信頼関係 ・さりげなく提供
定型	「サービス」 ・顧客の要望に対し受動的 ・対価に見合った最低限の基本的な内容（行為） ・合理的かつ効率的に提供	

図6-1　サービス，ホスピタリティ，おもてなしの特徴

2章では、近年のおもてなしに関する先行研究を網羅的にレビューし、さらに「サービス」と「ホスピタリティ」と比較することで、改めてより明確な概念化を試みた。おもてなしは、その時々の場の状況や個々の客に会わせて提供する意味において、サービス以上の価値提供が求められる上位概念である点でホスピタリティと共通している。その一方で、おもてなしは暗黙的な客の要望を察しなければならない点において，欧米を中心としたホスピタリティと異なり、日本独自の伝統文化を基にした共通認識（コンテクスト）を主客双方が共有した上で成立する。そうしたサービス、ホスピタリティ、おもてなしの特徴の要点を図6－1にまとめた。先行研究のレビューとその議論を整理すると、「おもてなし」とは、日本の歴史や伝統文化を背景とした礼儀作法や決まり事を基層とし、日本の価値観や文化などの共通認識を主客双方が共有して慮る信頼関係を前提とする、提供者が客の暗黙的な要望を察し、場の状況に鑑みながら、さりげなく提供する日本独自の接遇と総括した。

おもてなしには、サービスやホスピタリティとは異なる特徴がいくつかあるが、本書では、①見返りを求めない利他精神、②提供者の暗黙知に依存、③提供者と客による日本の文化や価値観を共有、といった3つの観点に集約して論を進めた。

まず、①おもてなしの根底にある見返りを求めない利他精神について、3章「おもてなしの理念のマネジメント」で論じた。サービスの提供者は客に対して経済的価値、ホスピタリティは自己充実感のために客からの感謝を期待する。一方で、おもてなしを提供する者には、純粋に「お客様に喜んでほしい」といった、相手に見返りを求めない顧客志向の利他精神が源である。おもてなしの特徴である利他精神の対象は自分の宿の客のみならず、その観光地の客や住民、取引先といったステークホルダー（関係者）にまで及ぶこともある。こうしたおもてなしの利他精神が醸成される背景や過程について、石川県の山中温泉にある小旅館「かよう亭」と亭主の上口昌徳の事例を通じて検討した。上口は、1970年代の日本の高度成長期の近代化に疑問を呈し、父親が経営していた大型旅館を閉じ、新たに山中地域の自然と文化に調和した小旅館「かよう亭」を開業した。客に「かよう亭」で山中の食材や伝統工芸に触れることで、地域の文化を感じて欲しいという上口の顧客志向の思いが、地域全体に対象が広がっていった。こうした当初は自分自身の思いで始めた宿泊業の思いが、客から地域へと広がりを見せる過程は、他の章の事例でも見られた。

次に、②提供者の経験や勘など暗黙知に依存するおもてなしの知識の他者への共有や継承について、4章「『おもてなし』の知識の共有とマネジメント」で論じた。おもてなしは、客が言葉にしない要望を察し、その場の状況に応じて、従業員個々人の長所や器量を活かして提供する特徴があり、提供する者の経験や勘といった暗黙知への依存が高い。こうしたおもてなしを、マニュアルのような作業の

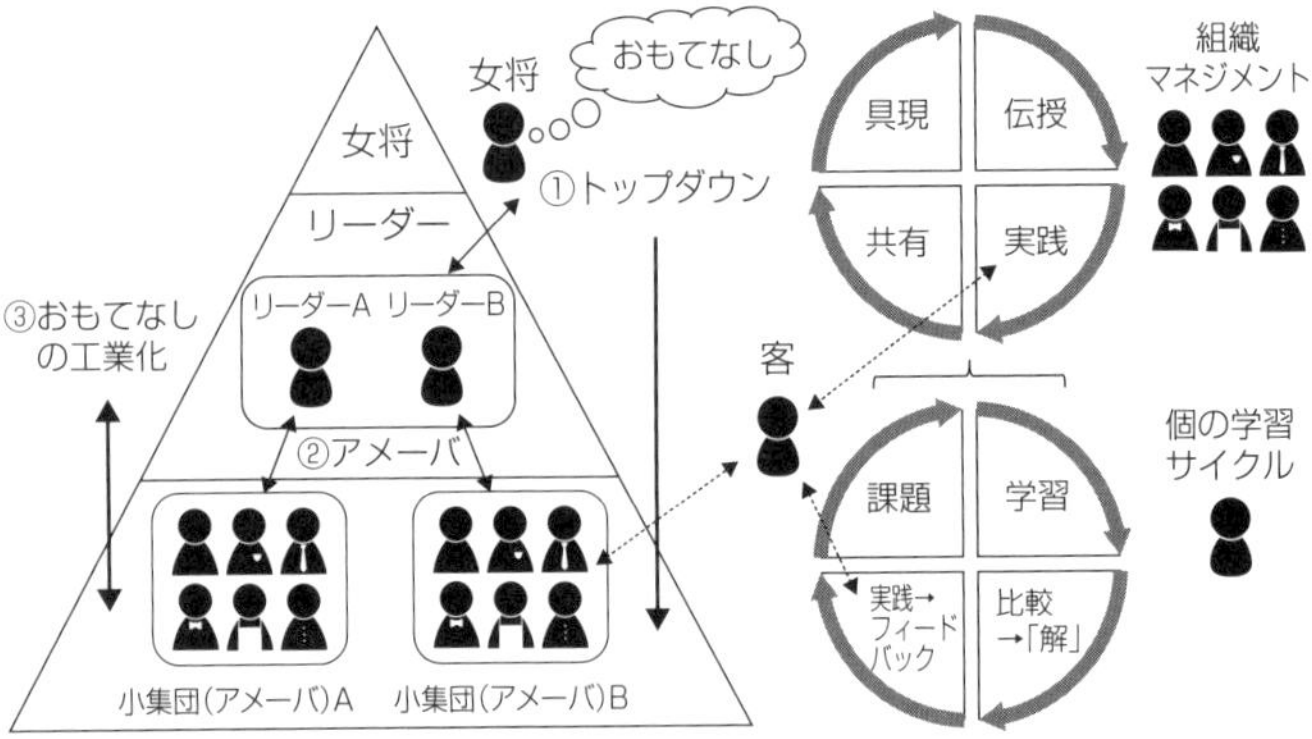

図6-2　おもてなしの知識共有のマネジメントモデル

標準化や形式知化は困難である。多くの旅館やホテルでは、人から人へ徒弟的に日常業務を一緒に行うことで、その知識や技能を伝える。こうした人から人への伝授は、小さな組織では日常的に行われているが、大きな組織では困難である。

そこで、この4章では、従業員数の多い大組織の例として「加賀屋」、独立した組織の典型例として「黒川温泉」、地理的に離れた組織での知識共有の例として「ポジティブドリームパーソンズ」を取り上げた。調査の結果、小組織内での人から人への知識の伝授を基に、経営者や女将のおもてなしの理念や知識について階層を経て、現場の従業員へ段階的に伝えて行く「トップダウン」、ある小組織で見出されたベストプラクティスの知識を代表者が集まり知識を共有し、他の小組織で応用して実践する「アメーバ」、優れたおもてなしの個人技を他の従業員でも実践可能なレベルで標準化する「おもてなしの工業化」の3つのアプローチが有効に機能していることを見出した。これらのアプローチで優れたおもてなしの知識を組織全体で共有、浸透させることで、組織として一貫した優れたおもてなしを提供しているマネジメントの実態を図6－2のようなモデルに表現した。

最後に、③提供者と客による日本の文化や価値観を共有、すなわち、日本の文化や価値観を共有しない外国人客へのおもてなしの提供に関して、5章「おもてなしの異文化のマネジメント」で論じた。おもてなしは、提供者が客の言葉にしない要望を察し、その場の状況に応じて提供することに価値がある。客の暗黙的な要望を察し、適切なおもてなしを提供するには、日本の文化風習や価値観を主客双方が共有していなければならない。この5章では、日本の文化風習や価値観を共有していない外国人客へのおもてなしのマネジメントについて、業界誌に先進事例として掲載された24宿、および、独自に現地調査とインタビューした外国人客に人気の6宿の事例分析を通じて論考した。業界誌で紹介された先進事例24宿の取り組みを整理したところ、異国にいる外国人客が不便に感じ、不満を抱かないよう様々な工夫や取り組みが見られた。一方の本事例の6宿は、逆に外国人客にそうした日本での滞在の不便さを受け入れてもらい、その異文化体験を楽しんでもらおうとする姿勢が見られた。多くの日本人は、日常生活では困難な温泉、広い部屋や風呂などの非日常体験を求めて旅行するのに対し、外国人客は、宿に到着するまでのアクセスや宿周辺の街並みから、館内や宿周辺で食べる日本の食事、風呂（温泉）に浸かり、和室で布団を敷いて寝る、といった一連の異文化体験を楽しむことが考えられる（図6－3）。そうした異文化体験の中でも、事例の6宿に共通して感じられた、友人や遠い親戚を受け入れるざっくばらんな家庭的なおもてなし、すなわち「思いやり」が外国人客にとっての魅力となることを論じた。

2022年現在、コロナ禍にもかかわらず、都市や観光地に洗練された高級チェーンホテルやリゾ

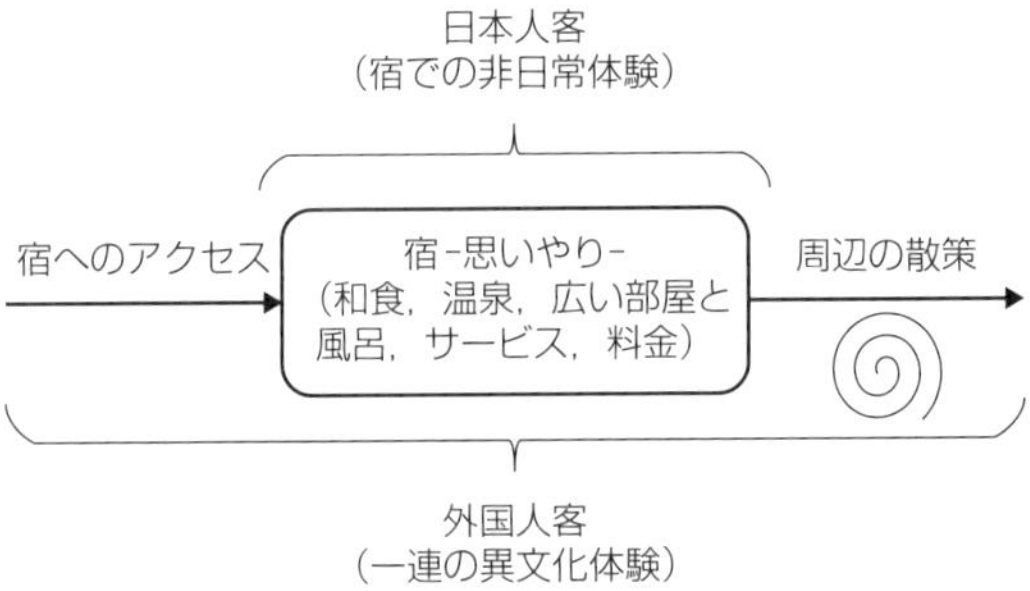

図6-3　外国人と日本人の宿泊経験価値の違い

ートホテル、高級旅館が次々と開業された話題を聞く。それらのホテルや旅館の従業員のホスピタリティやおもてなしは訓練され、完璧で洗練され、国内外の宿泊客から高い評価を得ている。一方で、本事例研究の対象とした宿の多くは、客を思いやる気持ちでおもてなしをしている点で共通していた。富士箱根ゲストハウスの高橋［2017］は、「思いやりの心で接すれば相手から感謝されるし、気持ちがよい。おもてなしの心で接することは客を喜ばせるだけでなく、接遇する自分自身の心も豊かになる」と言うように相手の立場で思いやることが、翻って自分自身の働く喜びや学びとなっている。また、かよう亭の上口のように、「客に喜んでもらいたい、無理して儲けなくてよい」という思いを具現化したおもてなしが客に評価されていたりする。すべての事業に売上や利益は欠かせないが、宿泊業を売上や利益といった事業（ビジネス）ではなく、理念、知識、異文化の観点からおもてなしのマネジメントについて様々な事例を通じて論じた。本書を通じて、宿泊業のみならず、事業のあり方について再考する機会となれば幸いである。

あとがき

本書の執筆中に「おもてなし」に関するインタビューを受けた。インタビューもほぼ終わり、個人的な旅の話になった頃、インタビューアーの彼は「家族での旅行はリゾートホテルが多いのですが、私がプライベートで行くのはひなびた古くて小さな旅館が好きなんですよね」と言った。筆者も、今回の調査研究を通じて、そうした小宿に魅了された一人である。それまで筆者は、全国展開チェーンのビジネスホテルに泊まることが多かった。顧客満足度ランキング上位のビジネスホテルは、対象とする顧客ターゲットを明確に設定し、客がホテルを探して選び、チェックインからチェックアウト、そして、次回の旅行で同社のホテルの選択を誘う全てのプロセスで計算しつくされ、リーズナブルな宿泊料を設定するためオペレーションに無駄がない。こうしたビジネスホテルは、低コストで高い顧客経験や価値の提供を考えるサービスマネジメントやマーケティングを専門とする筆者にとっても学びが多い教科書的な事例である。翻って、今回の調査研究では、これまで縁のなかった個性的な宿に実際に泊まり、その主人や女将、オーナーやマネージャーから独自の考えを聞くことができ、学びの多い機会だった。それらの宿には、古き良き日本の懐かしさとともに、もてなす者の思いやりや温かさを感じた。話しを聞かせてもらった方々の経営哲学や創業の物語は大変興味深く、本書の内容や構成にも表れたかもしれない。それらの宿から第一に感じたことは、儲けようとはせず、自分の宿で客に寛いでもらおうとするおもてなしの心である。筆者など、昭和のレトロ感や家庭的な思いやりをコンセプトとして売り出せないか、つい考えてしまうが、それを考えない経営姿勢とおもてなしがこれらの宿の魅力になっている。儲けや集客のために、成功事例（ベストプラクティス）を真似ようとしても、その画一的なマーケティングやマネジメントでは、それぞれの宿のおもてなしに独自性を感じなくなってしまう。売上や利益などの経済中心の商業的発想ではなく、客を思いやる気持ちから本当のおもてなしができるのではなかろうか。

なお、本書はJSPS科研費 19K12570（インバウンド訪日外国人観光客が満足する旅館でのおもてなしとそのマネジメント）の助成を受けた一連の研究成果を中心に大幅な加筆修正を加え、編集したものである。それぞれの章の研究成果の初出論文は次の通りである（すべて単著）。

2章　「おもてなし」とは何か――利他とさりげなさ――

「サービスおよびホスピタリティとの比較によるおもてなしの概念の再考」『地域共創学会誌』5、1‐12頁、2020年。

3章　おもてなしの理念のマネジメント

「地域活性化を担う社会起業家の動機と事業活動――石川県山中温泉と旅館『かよう亭』における上口昌徳の地域共生の役割と契機――」『地域共創学会誌』3、1‐12頁、2019年。

4章　「おもてなし」の知識の共有とマネジメント

「おもてなしの工業化――星野リゾートとポジティブドリームパーソンズの事例研究――」『工業経営研

究』31（2）、1－8頁、2017年。
「おもてなしを創出する組織的知識経営――和倉温泉『加賀屋』と黒川温泉の比較分析――」『日本経営診断学会論集』17、115－121頁、2018年。

5章　おもてなしの異文化のマネジメント

「宿泊業における訪日外国人観光客のためのサービスマネジメント――訪日外国人宿泊客から評価されるホテル・旅館の実践事例の分析によるその特徴の導出と考察――」『地域共創学会誌』4、1－16頁、2020年。
「宿泊業における訪日外国人客へのおもてなしとそのマネジメント」『日本経営診断学会論集』21、1－6頁、2021年。〔日本経営診断学会学会賞（研究奨励賞）受賞論文〕
「家族経営の小旅館における『思いやり』による競合優位」『第36回日本観光研究学会全国大会学術論文集』263－268頁、2021年。
「小規模宿泊業における訪日外国人観光客への思いやり経営」『地域共創学会誌』9、14－26頁、2022年。

また、本書では取り扱わなかった定量分析のアプローチを用いた関連する研究論文もある。関心があれば一読いただけると幸いである。

「観光温泉旅館のおもてなし経営の要因と顧客満足との関係分析」『日本経営システム学会誌』34（1）、37－43頁、2017年。

「旅館宿泊客の口コミデータ分析によるおもてなしの要因および顧客満足度との関係性」『日本経営診断学会論集』18、115-120頁、2019年。

インタビューにご協力、原稿を読んでいただいた石川県加賀市山中温泉「かよう亭」亭主の上口昌徳氏と、一般社団法人山中温泉観光協会事務局長の井上慎也氏、株式会社加賀屋の杉森淳二氏と楠峰子氏、黒川温泉観光旅館協同組合の下城誉裕氏と女将、「山城屋」代表の二宮謙児氏と女将、「富士箱根ゲストハウス」代表の高橋正美氏と女将、「澤の屋旅館」代表の澤功氏、「宿坊対馬西山寺」住職の田中節竜氏、「京町家　楽遊　堀川五条」マネージャーの山田静氏、「白保フレンドハウス」オーナーの山田博明氏(ヒロさん)へは改めて感謝申し上げたい。インタビューと現地調査は、コロナ禍の中で感染者数が下げ止まっていた時期を見計らい、安全に配慮して実施した。新型コロナウイルスが終息し、また、皆が自由に観光旅行をできる日が戻ることを願う。

2022年12月

森下　俊一郎

索　　引

〈アルファベット〉

〈ア　行〉

〈カ　行〉

〈サ　行〉

〈タ　行〉

〈ナ　行〉

〈ハ　行〉

〈マ　行〉

〈ヤ　行〉

〈ラ・ワ行〉

参考文献

JTB編［2018］『超・インバウンド論』（株）JTBパブリッシング.
Lovelock, C. H. and Wright, L. K. [1999] *Principles of service marketing and management*, Pren-tice-Hall（小宮路雅博監訳『サービス・マーケティング原理』白桃書房，2002年）.
青木義英・本幸博・安村克己［2018］「観光まちづくりにおける「ホスピタリティ」概念の再考」『観光学』(19)，51-56.
安藤真澄［2017］「顧客視点のインバウンド観光マーケティング――モノからコトへ――」『南山経営研究』31(3)，133-160.
石橋太郎［2012］「e－口コミのテキスト・マイニング分析に向けて（その１）――伊豆地域におけるホテル・旅館を対象として――」『静岡大学経済研究』17(2)，1-11.
稲盛和夫［2010］『アメーバ経営』日本経済新聞出版.
上田比呂志［2011］『日本人にしかできない「気づかい」の習慣』クロスメディア・パブリッシング.
伊藤宗彦・高室裕史編［2010］『１からのサービス経営』碩学舎.
稲田賢次［2015］「ホスピタリティに関する概念の一考察――ホスピタリティ，サービス，おもてなしについて（佐藤研司教授退職記念号）――」『龍谷大学経営学論集』55(1)，44-57.
今井真貴子［2012］「風土に育まれた日本旅館のおもいやりに関する研究――「ホスピタリティ」という言葉がもつ表層性への疑義――」同志社大学博士学位論文.
岩本英和・髙橋謙輔［2015］「日本のおもてなしと西洋のホスピタリティの見解に関する一考察」『城西国際大学紀要』23(6)，17-26.
香坂千佳子［2018］「『おもてなし』と『ホスピタリティ』に関するホテルマンの人材育成の研究――人事担当マネージャーへのインタビュー調査より――」『日本おもてなし学会誌』1，21-41.
月刊ホテル旅館編［2015］「インバウンド激増の時代に登場する新潮流「新スタイル旅館」大研究」『月刊ホテル旅館』５月号，42-57.
――――［2016a］「インバウンドを地方へと呼び込む地域情報サイトの構築を推進する」『月刊ホテル旅館』１月号，146-149.

――――［2016b］「リッチモンドホテルプレミア浅草インターナショナル」『月刊ホテル旅館』2月号，34-39.
――――［2016c］「白馬丸金旅館」『月刊ホテル旅館』3月号，20-22；91-93.
――――［2016d］「福寿荘」『月刊ホテル旅館』10月号，55-58；74-77.
――――［2016e］「ホテルJALシティ羽田 東京ウエストウイング」『月刊ホテル旅館』11月号，16-18；47-49.
――――［2016f］「インバウンド需要を摑む注目の最先端ホステル」『月刊ホテル旅館』11月号，63-67.
――――［2017a］「人工知能を活用したインバウンド向け日本ガイドツールが誕生」『月刊ホテル旅館』3月号，44-46.
――――［2017b］「芝パークホテル151」『月刊ホテル旅館』3月号，10-13；66-69.
――――［2017c］「ホテル・旅館の庭園活用策」『月刊ホテル旅館』6月号，87-89.
――――［2017d］「横浜ベイシェラトン ホテル＆タワーズ」『月刊ホテル旅館』6月号，38-41.
――――［2017e］「FP HOTELS 難波南」『月刊ホテル旅館』9月号，14-16；46-49.
――――［2017f］「karakusa hotel からくさスプリングホテル関西エアゲート」『月刊ホテル旅館』9月号，10-12；42-45.
――――［2017g］「富士山ファミリー シャリアホテル富士山」『月刊ホテル旅館』9月号，22-23；54-57.
――――［2017h］「SAKURA HOTEL & HOSTEL」『月刊ホテル旅館』9月号，18-19；50-53.
――――［2017i］「ONE@TOKYO」『月刊ホテル旅館』10月号，42-45.
――――［2018a］「本陣平野屋花兆庵」『月刊ホテル旅館』11月号，46-49.
――――［2018b］「バジェットホテル＆ホステルのインバウンドサービス」『月刊ホテル旅館』12月号，39-43.
――――［2018c］「有馬温泉 元湯 古泉閣」『月刊ホテル旅館』12月号，25-28.
月刊レジャー産業資料編［2016a］「京都茶の宿 七十七」『月刊レジャー産業資料』10，37-39.
――――［2016b］「白馬八方温泉ホテル五龍館」『月刊レジャー産業資料』10，40-42.

小林潔司［2015a］「日本型サービスの高付加価値化とグローバルビジネス」『グローバルビジネスジャーナル』1(1)，1-8.
――――［2015b］「日本型クリエイティブ・サービスの理論分析とグローバル展開に向けた適用研究」『サービソロジー』2(2)，16-23.
香坂千佳子［2018］「ホテル業の雇用問題に関する研究――ホテル従業員のキャリア意識面からの分析――」『大阪学院大学商・経営学論集』43(2)，47-67.
近藤孝雄［1999］『サービスマーケティング』生産性出版.
週刊東洋経済編［2013］「おもてなしで稼ぐ」『週刊東洋経済』2013.10.19，38-72.
杉元崇将［2016］『「感動」ビジネスの方程式――「おもてなし」を凌駕する驚異の手法――』東洋経済新報社.
鈴木富之・中村文宣・池田真利子ら［2010］「成田空港周辺におけるインバウンド観光の地域特性――宿泊施設の経営と外国人旅行者行動の分析を通じて――」『地域研究年報』32，135-165.
髙橋正美［2017］『富士箱根ゲストハウスの外国人宿泊客はなぜリピーターになるのか』あさ出版
舘野和子・松本亮三［2013］「観光産業におけるホスピタリティーの現状と課題」『東海大学紀要 観光学部』(4)，1-17.
陳静・加藤里美［2014］「『おもてなし』は『Hospitality（ホスピタリティ）』か」『朝日大学経営論集』28，21-31.
鶴田雅昭［2013］「ホスピタリティとは何か――サービス・「おもてなし」との比較考察――」『Atomi 観光マネジメント学科紀要』3，51-56.
寺阪今日子・稲葉佑之［2014］「『ホスピタリティ』と『おもてなし』サービスの比較分析――『おもてなし』の特徴とマネジメント――」『社会科学ジャーナル』78，85-120.
田静・加藤里美［2016］「中国人の日本旅行に関する意識――期待レベルと実際の満足レベル――」『日本経営診断学会論集』16，102-107.
徳江順一郎［2019］「ホスピタリティ産業におけるイノベーションに関する一考察――国内外におけるホテルの事例を中心に――」『現代社会研究』(16)，31-39.
中村孝太郎・松本加奈子・増田央［2013］「『もてなし』型価値共創の視点（第３報）――国内外の宿泊サービスにおける文化依存・拡大志向の事例より

──」『研究・技術計画学会年次学術大会講演要旨集』28，563-568.
長尾有紀・梅室博行［2012］「おもてなしを構成する要因の体系化と評価ツールの開発」『日本経営工学会論文誌』63(3)，126-137.
西尾久美子［2007］『京都花街の経営学』東洋経済新報社.
二宮謙児［2017］『山奥の小さな旅館が連日外国人客で満室になる理由』あさ出版.
野中郁次郎・勝見明［2012］「野中郁次郎の成功の本質──ハイ・パフォーマンスを生む現場を科学する（Vol. 58）加賀屋──」『Works』17(5)，54-59.
野中郁次郎・竹内弘高［1996］『知識創造企業』東洋経済新報社.
服部勝人［1996］『ホスピタリティ・マネジメント──ポスト・サービス社会の経営──』丸善.
────［2006］『ホスピタリティ・マネジメント学原論』丸善.
────［2008］『ホスピタリティ入門（第２版）』丸善.
原良憲［2018］「サービスにおける人のふるまいに関する研究」『サービソロジー』4(4)，10-17.
原良憲・岡宏樹［2014］「日本型クリエイティブ・サービスの価値共創モデル──暗黙的情報活用に基づく価値共創モデルの発展的整理──（〈特集〉サービスイノベーションの新展開）」『研究 技術 計画』28(3-4)，254-261.
福島規子［2015］「配慮行動から生成されるハイコンテクストサービスの基礎的研究（特集 観光の産業化に資するサービス学：東京五輪と地域活性化）」『サービソロジー』1(4)，14-19.
堀口真央・羽渕琢哉・櫻井貴章・古屋繁［2015］「おもてなしにおける期待に応えるサービスの特性──サービスデザインにおける期待と感動──」『日本デザイン学会研究発表大会概要集』62，94.
前田勇［2007］『現代観光とホスピタリティ──サービス理論からのアプローチ──』学文社.
眞鍋井蛙［2009］『この人と書──語りたい，伝えたいもの──』里文出版.
宮下幸一［2011］「旅館『加賀屋』のビジネスモデル──おもてなしは世界のモデルになりえるか──」『桜美林経営研究』2，33-50.
村瀬慶紀［2014］「顧客サービスにおける『おもてなし』とマネジメント──サービスマーケティングの視点から──（管理者教育研究グループ）」『経営力創成研究』(10)，117-128.
村山慶輔［2016］『訪日外国人観光ビジネス入門講座』翔泳社.

森川毅［2001］「ホテル・旅館の評価――心理学的側面からの分析――」『長崎国際大学論叢』1，273-280.
安田亘宏［2010］『「澤の屋旅館」はなぜ外国人に人気があるのか』彩流社.
山路顕［2019］「インバウンド（訪日）ツーリズム推進におけるホスピタリティの視点と考察」『日本ホスピタリティ・マネジメント学会誌』29，67-76.
吉田武稔［2014］「創造力の源泉とナレッジマネジメント」『経営情報学会2014年秋季全国研究発表大会』41，44.
盧剛・山口一美［2012］「訪日中国人観光者の再来訪を促す要因の研究」『生活科学研究』34，187-197.